国家出版基金项目
NATIONAL PUBLICATION FOUNDATION

# 先秦經濟史

[日]田崎仁義◎著
周咸堂◎譯

山西人民出版社
山西出版傳媒集團

圖書在版編目(CIP)數據

先秦經濟史 / [日] 田崎仁義著；周咸堂譯. —太原：山西人民出版社，2015.12
（近代海外漢學名著叢刊 / 鄭培凱主編）
ISBN 978-7-203-09217-9

Ⅰ. ①先… Ⅱ. ①田… ②周… Ⅲ. ①中國經濟史－先秦時代 Ⅳ. ①F129.2

中國版本圖書館 CIP 數據核字(2015)第 200021 號

# 先秦經濟史

叢刊主編　鄭培凱
著　　者　[日] 田崎仁義
譯　　者　周咸堂
責任編輯　梁晋華
助理編輯　郭向南

出 版 者　山西出版傳媒集團·山西人民出版社
地　　址　太原市建設南路 21 號
郵　　編　030012
發行營銷　0351－4922220　4955996　4956039
　　　　　0351－4922127(傳真)
天猫官網　http://sxrmcbs.tmall.com　0351－4922159(電話)
E－mail　sxskcb@163.com　發行部
　　　　　sxskcb@126.com　總編室
網　　址　www.sxskcb.com

經 銷 者　山西出版傳媒集團·山西人民出版社
承 印 廠　山西出版傳媒集團·山西人民印刷有限責任公司

開　　本　700mm×970mm　1/16
印　　張　8.25
字　　數　85千字
印　　數　1—2000冊
版　　次　2015年12月　第1版
印　　次　2015年12月　第1次印刷
書　　號　ISBN 978-7-203-09217-9
定　　價　25.00圓

# 近代海外漢學名著叢刊編委會名單

總主編　鄭培凱

編委會　傅　杰　霍　巍　戴　燕（按姓氏筆畫排序）

總策劃　越衆文化傳播·周　威

總監製　南兆旭

統　籌　徐　勝　顔海琴

出版工作委員會

主　任　李廣潔

副主任　姚　軍　石凌虚

委　員　梁晉華　張文穎　秦繼華　馮靈芝
　　　　張　潔　崔人杰　王新斐　郭向南

設計總監　李尚斌

設計製作　王秀玲　吴圳龍　何萬峰　歐陽樂天

# 出版説明

近代海外漢學名著叢刊選取一九四九年以後未再刊行之近代海外漢學作品，編例如次：

一、本叢書遴選之作品在相關學術領域具有一定的代表性，在學術研究方嚮、方法上獨具特色。

二、爲避免重新排印時出錯，本叢書原本原貌影印出版。影印之底本皆經專家組審定，原書字體大小、排版格式均未做大的改變。

三、爲使叢書體例一致，本叢書前言後記均采用繁體字排版。

四、個別頁碼較少的版本，爲方便裝幀和閱讀，進行了合訂。

五、少數作品有個別破損之處，編者以不改變版本内容爲前提，部分進行修補，難以修復之處保留缺損原狀。

六、原版書中個別錯訛之處，皆照原樣影印，未做修改。

由於叢書規模較大，不足之處，在所難免，殷切期待方家指正。

# 總序／温故而知新

晚清以來，西力東漸，西方文化思想的著作也大量譯成中文，最著名的如嚴復與林紓的譯著，影響了整個二十世紀中國的知識界與文學界，使得中國文化的思維脈絡爲之丕變。除了西方思想經典、文學與實證科學著作的翻譯，以實證方法系統化探討中國文史的域外漢學，也對中國學術思想界産生了莫大衝擊，改變了中國學術的著述方法與取嚮。

中國傳統的知識結構，是按經史子集四庫分類的，以儒家意識形態的經學爲文化知識的砥柱，以史學爲貫串歷史經驗的殷鑒，至於子部與集部，則是作爲保存文獻、擴大知識面的附帶知識，可以耽情冥想，可以悠遊玩賞，却都是邊緣化的知識，無關聖教的弘揚，無關文化精髓的宏旨。西方文藝復興之後的現代學術體系，在知識分類上，與中國傳統大相徑庭，講究系統分科，不同知識領域各有其客觀存在的價值，有其相對獨立的目的與標準。日本知識界在明治維新以來，鑒於東方文明落後於西方的船堅炮利，率先效法西方，在追求「文明開化」、「脱亞入歐」的過程中，爲日本學術發展循着現代西方的體例，建立了哲學、文學、歷史學、經濟學、法學、商學、物理學、化學、地質學、醫學、農學、工程學、植物學、動物學等等新型學科，企圖與西方學術齊頭並進，從而影響了中國近代學術體系的發展。

本叢刊選印二十世紀上半葉出版的漢學譯著近百冊，分爲三大類：「歷史文化與社會經濟」、「古典文獻與語言文字」、「中外交通與邊疆史」，反映民國時期學術界重視西方及日本漢學研究的成果，藉助他山之石，重新審視中國傳統歷史文化的意義，特別是開拓了傳統學術忽略的領域。五四新文化運動以來，中國學者如蔡元培、胡適都提倡「整理國故」，以理性實證的方法，對中國文化傳統做出系統化的研究，是與這些漢學譯著相輔相成的。這些譯著除了介紹域外漢學的成果，還引進了嶄新的學術研究方法與視角，有助於梳理中國文化傳統的脈絡，重新整合知識結構與學術體系。雖然這些學術著作不是中國學者的成就，無法納入二十世紀中國文史學術的主脈，但是從中文譯本的影響而言，起碼也應當視爲中國近代學術發展的支脈或潛流，不容忽視。可惜的是，到了二十世紀下半葉，因爲兩岸政治形勢的變化，這些漢學譯著，除了部分因王雲五重新入主臺灣商務印書館，而得以在臺灣做了少量的重印，在大陸的出版界，則完全受到遺忘，甚至在許多新成立的大學圖書館中也不見踪影。我們搜集了近百冊塵封的漢學譯著，呈現給二十一世紀的中國學術界，一方面是爲了銘記前人爲推展學術而做出的努力，另一方面也是爲了提醒新常態時期的學人，學術發展有其歷史累積的脈絡，可以從中汲取歷史經驗，温故而知新。

說到「温故知新」與這批早期漢學譯著的關係，可以從兩個方面來思考，以見翻譯域外漢學如何反映了時代精神，爲融匯東西方學術思維，重新闡釋中國文化傳承，做出不可磨滅的貢獻。一是域外漢學的研究對象，以中國歷史文化典籍爲主，屬於中西文化碰撞期間興起的「國學」範疇，與五四新文化人物提倡的「整理國故」運動若合符節。研究中國歷史文化，並賦予新的學術意義，是清末民初知識精英念茲在茲的心結。歷史發展走到一個環節，時代的狂風揚起了批判傳統的大旗，風中的英雄幫着推波助瀾，却又無時或忘自己民族文化主體的未來，糾纏於「傳統」能否「現代」的困境。域外漢學的出現，以西方實證方法研究中國歷史文化傳統，綜合東西方各種語言文字材料，擴大了研究國學的眼界，即使無法打開中國文化傳統是否走到盡頭的心結，至少是提供了一個解惑的方嚮，在大霧彌漫的夜晚，看到了依稀渺茫的星光。

二是翻譯域外漢學，有一種以子之矛攻子之盾的吊詭作用，逐漸化解了中國文化思維中的自大心理與封閉心態，讓唯我獨尊的國粹基本教義派解除武裝到牙齒的盔甲，轉而吸收並接受西方實證研究的學風。民國期間新式教育制度的推行、學術體系的變化、大學學術專業的創建，具體到北京大學國學門的成立，中央研究院規劃歷史、語言、考古的研究領域，都與翻譯域外漢學背後的旨意是息息相關的。因此，重新閱覽這批民國期間的漢學譯著，對二十一世紀的現代學人來説，温故而知新，不但可以窺知民國學人追求新知的心理狀態，也會刺激吾人反思，認真思考學術研究方法與中國學術發展的前景，更進一步，探索文化傳統的重新闡釋與新知介入的關係。知識體系的變化當然與傳統的重新闡釋有關，是外爍的影響大呢，還是內因變化的成分居多？

論語·爲政記載孔子説：「温故而知新，可以爲師矣。」歷代解經，對這個「爲師」的道理，有兩種相近似但又取嚮不同的解釋。朱熹四書集注説：「故者，舊所聞。新者，今所得。言學能時習舊聞而每有新得，則所學在我而其應不窮，故可以爲人師。若夫記問之學，則無得於心而所知有限，故學記譏其不足以爲人師，正與此意互相發也。」雖然朱熹把知識分爲「舊所聞」與「新所得」，强調的却是「學而時習之」，從中生發新的心得，也就是從詮釋舊典中得到新知。這個説法與朱熹在鵝湖之會以後，作詩唱和，寫給陸九淵的詩句，「舊學商量加邃密，新知涵養轉深沉」，异曲同工，是一個意思，萬變不離其宗，舊學與新知是同一個脈絡的知識學理。

然而，有些朱熹之前的經學家，解釋「温故知新」，却有不同的取嚮。皇侃論語義疏就説：「故，謂所學已得之事也。所學已得者則温尋之不使忘失，此是月無忘其所能也。新，謂即時所學新得者也。知新，謂日知其所亡也。若學能日知所亡，月無忘所能，此乃可爲人師也。」皇侃明確說到，「故」指的是過去所學的知識，而「新」則指的是新近學到的知識，新舊結合，相互發明，就可以「爲人師」了。邢昺論語注疏循着皇侃的思路，也說：「言舊所學得者，温尋使不忘，是温故也。素所未知，學使知之，是知新也。既温尋故者，又知新者，則可以爲人師也。」這裏講的「素所未知」，就不祇是研讀舊學，有了新的體會，從過去的傳統中發展出的「新知」，而是從來没聽過、没想過的新學問了。這種「素所未知」的新學問，結合「舊所聞」，對習以爲常的知識框架，就會產生巨大的衝擊，而出現飛躍性的結構變化。知識内容或許大體沿襲傳統，知識結構却得以重新整合，出現嶄新的認知系統，重新審視自己文化傳統的意義，打開文化傳承的新局面。二十世紀上半葉的漢學譯作，就發揮了這樣的作用，促使中國學者放棄自我中心的文化態度，從各種不同側面，探知中國歷史文化的光譜，以域外（或是全球）的角度觀測中國傳統，摇動了文化的萬花筒，看到七彩繽紛的中國。

嚴復在甲午戰爭之後，改良變法思想風起雲涌之時，開始大量翻譯西方思想經典著作，是有感於國人（特別是傳統文化孕育的知識精英）思維系統封閉，企圖介紹實證新知，引進邏輯思維的方法，以破除儒學之道「一以貫之」與「放之四海而皆準」的虚妄。他翻譯天演論，在序文中提到，有人歸納東西方學術思想，認爲中國文化重精神，是形而上之學，立意高超，而西方文化重物質，是形而下之學，祇追求功利的回報。他認爲，這種自以爲是的蒙昧態度，陷入傳統舊學的框囿而不自知，没有自我反思的能力，無法吸收「素所未知」的新知識，也就無法開展並弘揚自己的文化傳統。嚴復非常清楚他翻譯西方經典的目的，是爲了介紹新知，打破中國傳統思維的封閉性，但是，作爲披荆斬棘的拓荒人，他深知思想封閉者的頑固心理，必須因勢利導，以免遭到盲目衛道之士的攻訐。嚴復有其防身的策略，不會像許褚戰馬超那樣赤膊上陣，而是以桐城文章譯述赫胥黎、斯賓塞、穆勒、亞當·斯密、孟德斯鳩，博得晚清知識精英的贊許，文章深閎而傳入了新知義理。從文化變遷的角度而言，通過翻譯，以迂迴戰術來介紹西方思想，得到巨大的成功，産生了改變傳統思維體系的實效，是中國近代思想史上影響深遠的大事。以此類推，民國時期大量翻譯域外漢學的影響，也是不容忽視的思想史課題。

關於清末民初西方學術思維衝擊中國知識精英，顛覆傳統文化的知識結構，錢穆在現代中國學術論衡的序言中，從中國文化本位的立場，發出深刻的感慨，做了籠統的批評：「文化异，斯學術亦异。中國重和合，西方重分别。民國以來，中國學術界分門别類，務爲專家，與中國傳統通人通儒之學大相違异。循至返讀古籍，格不相入。此其影響將來學術之發展實大，不可不加以討論。」錢穆所指出的問題，是傳統知識體系强調「通」，文史哲不分家，最崇尚通儒，而現代學術講究專業分科，各司其職，以至於讀不通古籍呈現的整體性知識思維。姚名達在撰寫中國目録學史的時候，對西力東漸，西潮帶來的翻譯著作及新知新學，也有類似的感慨：「四部分類法，不合時代也，不僅現代爲然。自道光、咸豐允許西人入國通商傳教以來，繼以派生留學外國，於是東西洋洋籍逐年增多。學問翻新，迥出舊學之外。目録學界之思想不免爲之震蕩。」這種對學術體系發生重大變化的觀察，反映了中國學人從晚清一直到民國，夾在東西方兩種不同思維體系的衝突中，身歷其境的切身感受，因此感觸良多。

二十世紀上半葉最能代表中國學術的通儒是王國維與陳寅恪，他們浸潤了經史子集的四部知識傳統，承繼乾嘉篤實的考據學風，却都經過西洋邏輯思維與實證科學的洗禮，參與中國知識結構的轉型。對西方現代知識結構如何在中國生根發芽，不但再三致意，并且以自己的學術實踐來努力促成。王國維早在一九〇二年就寫信給張之洞，反對把經學列爲大學分科之首，而主張效法西方與日本的大學，設立哲學科，明確指出知識結構的分類不可因循傳統，而必須另起爐竈。陳寅恪在一九二五年就清華大學建制的問題，寫了吾國學術之現狀及清華之職責，指出大學的職責在於學術之獨立，而中國學術界的情況令人十分不滿，必須認真效法西方學術的體制及實踐。他說：「蓋今世治學以世界爲範圍，重在知彼，絕非閉門造車者比。」這兩位國學大師，對西方與日本的漢學研究十分注意，都是以開放態度對待域外漢學研究，集思廣益，以成其大家。

再回到「温故知新」的歷代經解，說說文化傳承的闡釋學意義。劉寶楠在論語正義中指出，上古之時，文化知識是上層統治精英的家學，不再治理實際政事的長者可以傳遞德行的知識，可以爲人師。「温故而知新」，就顯示長者不忘舊時所學，且能吸收新知，繼承并發揚這種學術與政治合一的傳統。到了孔子之時，時代出現了變化，士大夫不見得能夠謹守家法，弘揚德行，也不一定能夠「爲師」了。孔子之後，世變日亟，「道術爲天下裂」，文化知識不再爲少數統治精英所壟斷，也不必然與治理政事有關，學術在民間百花齊放，百家争鳴。但是，學術知識發展的脈絡基本未變，仍然是要温故知新，進德修業。從劉寶楠不經意的闡釋中，可以看到時代變遷影響了學術文化的內容，改變了知識結構的體系，但其內在發展的理路仍舊，還是需要舊學與新知的融合，才能有所發展。

劉寶楠還引述了劉逢祿的解釋：「故，古也。六經皆述古昔、稱先王者也。知新，謂通其大義，以斟酌後世之製作，漢初經師皆是也。」劉寶楠贊成這個說法，並指出，漢唐人解釋「知新」，大多數都沿用此意。也就是說，舊學是傳統的知識結構體系，新知是時代變化出現的新知識，必須相互斟酌，才能發揮得宜。至於如何對舊學「通其大義」，就見仁見智，各有說法了。從這個通達的詮釋來討論近代西學東漸的情況，我們可以看到，「温故而知新」在民國學人的心底，是產生「傳統」與「現代」糾葛的心理陷阱，不易跨越。若依照朱熹的說法，「學能時習舊聞而每有新得，則所學在我而其應不窮」，雖然在哲理上可以模模糊糊說通，但在清末民初的具體歷史環節，西學的新知屬於完全不同的知識體系，在原有的舊學脈絡中，根本無從立足，如何「其應不窮」？所以，真要放之四海而皆準，提升「温故而知新」的普世意義，以理解域外漢學譯著與近代學術知識體系變遷的文化史意義，我們認爲，皇侃、邢昺，一直到劉寶楠的闡釋，是比較合適，並與現代文化闡釋學的説法相近。

伽達默爾（Hans-Georg Gadamer）在他的名著真理與方法中，説到認知理性與文化傳統的關係，特別指出，人們通過理性，來判斷歷史文化中事實的真相，但是人的理性與生存環境息息相關，與傳統所衍生的豐富文化底藴有關，不可能完全超越文化傳統的思維脈絡。他認爲，人生活在文化傳統之中，就不可能「遺世獨立」，以全能超越的抽象思辨來認識傳統，甚至是批判或顛覆傳統。傳統是歷史文化延續與傳承的表徵，不會一成不變，而我們的認知理性也會因時代變遷，而不斷重新詮釋傳統。伽達默爾的闡釋學以西方文化傳統爲例，説明新知如何納入傳統，而使文化傳統生機不斷，生生不息，與中國歷代經學家的説法（朱熹除外），有异曲同工之效。以此觀照民國時期的漢學譯著，我們認爲，這批學術新知傳入中國，對中國文化傳統的繁衍與發展，實有承先啓後之功。

近代海外漢學名著叢刊的出版，最值得感謝的是南兆旭先生二十多年來搜羅的執着與努力。雖然這套叢刊不能窮盡民國時期的漢學譯著，但是，能滙集上百冊自一九四九年以來在國內不曾重印的學術著作，再度公之於世，總是功不唐捐的大功德。忝爲本叢刊的主編，我面對這批民國學術材料，先是感到紛雜無章，有些原作者的學術素養也難副當前的學術標準，甚爲猶豫。後轉念一想，這是上個世紀中國最紛亂時期的學術記録，也是民生凋敝，國勢隤危，内亂外患交加之際，仍有許多學者孜孜矻矻，戮力翻譯域外漢學，爲中國學術的傳承拓展新知的坦途，不禁肅然起敬，開始用心整理分類。掛一漏萬，在所難免，好在有學殖豐贍的諍友擔任分卷主編，並撰寫各分卷前言，實在是衷心銘感。有傅杰教授負責「歷史文化與社會經濟」、戴燕教授負責「古典文獻與語言文字」、霍巍教授負責「中外交通與邊疆史」，吾道不孤矣。在整理編輯過程中，周威先生費心最多，也是我要衷心感謝的。

道術之存亡，全在人心之嚮背。這批民國漢學譯著重新問世，對我們生長在承平之世的學人，應當有激勵的作用，爲學術研究多盡份力，讓中國學術發展更上一層樓。

鄭培凱

二〇一五年七月

# 前言

一九四九年，身在美國的鄧嗣禹在遠東季刊發表近五十年中國歷史編纂學，總結半個世紀以來中國歷史編纂學從保守走嚮開放，「先是受日本，然後是英國、美國、法國，最後是蘇聯等影響」，既擴大了史料的範圍，又應用了科學的方法，把重點從帝國的政治事件轉移到社會經濟方面，終於「取得了巨大的進步」。鄭培凱教授主編的近代海外漢學名著叢刊，正是鄧氏提及的各國影響中的一部分——甚至堪稱是主要的部分。

本分卷主要包括兩大類：一是歷史文化，包括渡邊秀方中國哲學史概論、三浦藤作中國倫理學史、津田左右吉儒道兩家關係論、服部宇之吉儒教與現代思潮、五來欣造儒教政治哲學、濱田耕作東亞文化之黎明、梅原末治中國青銅器時代考、新城新藏中國上古天文、卡特中國印刷術源流史等；二是社會經濟，包括沙發諾夫中國社會發展史、駒井和愛等中國歷代社會研究、柯金中國古代社會、森谷克己中國社會經濟史、田崎仁義中國古代經濟思想及制度、卜凱中國農家經濟、馬札亞爾中國農村經濟研究、克拉米息夫中國西北部之經濟狀況、高林士中國礦業論、長野朗中國資本主義發達史等（以上作者譯名一仍所收各譯本）。這些著作引入中國的背景與影響，培凱教授的總序已經作了高屋建瓴、提綱挈領的論述。這裏衹就著作、作者、譯者三端分別舉例，略作一些補充説明。

先説著作。包括本輯在内，本叢書所選入的日本學者論著佔據了多數。曾有西方的東方學家概括日本學術實爲三餘：文學竊中國之緒餘、佛學竊印度之緒餘、各科學竊歐洲之緒餘。其言雖刻薄，却一針見血。但也正因善於嫁接，所以在用西方研究模式梳理中國歷史傳統方面，日本學者往往最具搶佔先機的便利，他們的著作也成爲當時的中國最多引進與借鑒的對象。例如梅原末治藉助於西方科學方法來分析中國青銅器的器形、成分，進而推論其時代的中國青銅器時代考在半個世紀中産生了廣泛的影響，如歷史學家吕思勉在先秦史中就引用過他對殷商時代青銅器的分析，考古學家黄展岳在關於中國開始冶鐵和使用鐵器的問題中則對他殷代已知用鐵的觀點提出駁正。卡特的名著出版至今九十年，仍然是時常被引用的經典，除早期的節譯本，一九五七年北京出版了吴澤炎譯的中國印刷術的發明和它的西傳，一九六八年臺北出版了胡克希譯的經傅路德修訂的卡德著作新版中國印刷術的發明及其西傳。其書既出，哲學大師杜威也給以好評，桑原隲藏、鄧嗣禹發表了長篇書評。直至本世紀芮哲非的新著谷騰堡在上海：中國印刷資本業的發展（一八七六—一九三七），還指出正是卡特著作的出版，因其表彰中國印刷術的悠久歷史和對世界印刷史的巨大貢獻，迅速影響了一批中國學者，進而影響了近代以來的中國印刷史書寫。其實，受影響的還不止是印刷術與中西交流史的學者。以夢溪筆談校證而蜚聲中外的當代夢溪筆談研究第一人胡道静回憶，正是從卡德的書中，他才知道夢溪筆談：

> 卡特的書説明了史料的來源，還特别夸譽了夢溪筆談這部著作，説它這好那好。於是我這個當時對古籍衹讀先秦、兩漢之書的小伙子就迫不及待地去找這本沈括的名著來閱讀了。（夢溪筆談校證五十年）

至於沙發諾夫、柯金、馬札亞爾等用唯物史觀來研究中國社會經濟史的論著，在蘇聯和中國都引發過爭議，而在當時就有學者指出，陶希聖等人對魏晉時期中國社會性質的看法，即深受沙發諾夫中國社會發展史的影響。

次説作者。各書作者背景各异，身份不一，研究中國的目的也頗有差距。其中既有津田左右吉這樣的學術大師，更不乏各學科中的權威名家，而且不少跟中國還有密切的聯繫。如濱田耕作與梅原末治師徒都在中國從事考古多年，不僅以自己寫下的著作、也以自己參與的活動，影響了中國考古學的發展，甚至用自己的工作給中國考古學家樹立了榜樣。早在一九二六年，北京大學國學門的考古協會與日本東亞考古協會成立東方考古協會，被譽爲日本考古學之父的濱田耕作就參與其事，一九二九年他又與高足梅原末治再赴北京演講，爲正起步的中國現代考古學注入了新的信息。其後梅原又在上海、天津、河南等地調查文物古迹。撰中國上古天文的天文學家新城新藏在二十世紀三十年代出任過上海自然科學研究所所長。撰中國農家經濟的美國學者卜凱從康奈爾大學農學院畢業後，次年即來安徽宿州，以傳教士的身份從事農村的改良試驗與推廣，在中國致力農業經濟學的教學與調查幾三十年。同樣是以傳教士身份在安徽宿州從事教育與宗教活動長達十二年的還有美國學者卡德——而他一生祇活了四十三歲。在離開中國後他一直從事中國學術的研究，在伯希和指導下研究中國印刷術的發明與西傳，傾注了滿腔的熱情，用盡了全部的心力，終以勤勞過度，在該書出版的當年與世長辭。

末説譯者。當年就有學者感慨，外國的漢學著作可資參證者甚夥，但譯著的數量與質量總體而言殊不令人樂觀，通西文者多鄙棄漢學，治國學者又忽視西文。從事者的學養並不都足以勝任這類專門著作的翻譯，因此有的譯文比較粗糙，但就已有的成績來看，仍有可稱道者。一是有的著作不止出版了一個譯本，如濱田耕作東亞文化之黎明、馬札亞爾中國農村經濟研究等時隔不久就出版了不同的譯本；有的甚至同一年中就出版了兩個譯本，如森谷克己中國社會經濟史在一九三六年既由中華書局出版了孫懷仁的譯本，又由商務印書館出版了陳昌蔚的譯本。二是譯者之中不乏後來的著名學者。如高林士中國礦業論的譯者是曾擔任北京水利水電學院院長多年、爲中國水利事業做出了卓越貢獻的中國科學院院士汪胡楨。在年過九旬之後寫的自述中，他還憶及當年由丁文江介紹認識了中國礦業論的作者、並受作者之托翻譯該書的經過。而梅原末治中國青銅器時代考的譯者則是舉世公認的甲骨學與殷商史權威胡厚宣，身爲中央研究院歷史語言研究所的研究人員，他正是在參與殷墟發掘之際譯出梅原末治的著作的。

世事沉浮，風雲變幻，這些昔日的譯著有的還在被學者屢屢提及，有的則塵封甚久，不再被人記得。如今輯而再印，使之重見天日，是既富於現實意義，也富於歷史意義的。現實意義在於這些譯著中的若干材料仍可供今天的讀者取資，若干見解仍可給今天的讀者啓示；歷史意義在於這些譯著中的部分雖然陳舊過時，無論材料還是觀點都被證明千瘡百孔，但它們在中國現代學術史的建立與發展進程中都曾經多多少少起過作用——因此它們不再僅僅是外國漢學史的組成部分，實際上也已經成爲中國學術史的組成部分，是我們不能輕忽，更不能遺忘的。

傅　杰

二〇一五年七月

# 作者簡介

**著　者**

田崎仁義（一八八〇年—？），經濟學博士，大阪商科大學教授。

**譯　者**

周咸堂，資料不詳。

# 目次

# 先秦經濟史

## 第一章　序論

中國有四千餘年的歷史。以秦始皇的統一做分結點，前後二分，將先秦時代的經濟發達，加以史的研究，可名此爲古代中國經濟史。如此，在先秦及其以後，將中國史分爲二大時期以研究者，就是在其他方面，亦不乏其例。例如符離德里希・黑爾德（Friederich Hild）的中國古代史，梁啓超的先秦政治思想史都是這種分法。所以這稱區分者，因爲在兩者之間，有分立與統一，封建和郡縣等較爲顯著的實質不同點之故，又加以焚書坑儒，在研究資料上，大爲不同，所以不得不將就研究上的便利。總之，世相的變化，時勢的推移，可由此時期算起。

將先秦時代分爲以下三期：

一、封建制度成立以前。

二、封建時代。

三、春秋戰國時代。

第一期從太古到堯舜時代止，期間雖很長，但端底有多少年是不能明瞭的。在中國北部，分散很多以血緣爲主的氏族部落，這些部落，因戰爭或和平的演變而形成部落聯合，稱其各部落首領所共戴的盟主爲元后，又或稱之爲皇或帝。在元后之下，包括許多弱小部落，稱其首領爲羣后。每部落的人口數，並不很多，他們過着狩獵游收及低度的農業生活。

第二期是全部的夏、殷、周、三代。不論政治或經濟，都是以土地的大所有者做基礎組織而成。因而在原則上其地位，依之血統以世襲，其中最大的地主稱做王。他們與土地的大所有者的諸侯有同一資格，同時，又在全部諸侯之上，有其最上級的統治權，一方面，以天之奉行者，在君臨天下的意義上稱爲天子；他方面，以萬民之代表者的地位而祀天。如此，政治基於「爲民之父母而做天下之王」的精神，以養民爲目的；經濟以農耕爲基礎，以利用厚生爲其主義。因此，普天下，都依之所謂井田法以班授土地與萬民，防兼併，以安分知足而各得其處；保孝敬，努力生育，此卽所謂王道經濟。在學者中，雖還保有所以行封建制度的意見，僅因周代盛世，在夏殷時代其制度尙未成立，的原故。不錯，封建制度特別成熟而確立於周代，關於這一點，我們與其他論者的意見相同。然在堯舜時代，已可以看出有元后羣后等封建的萌芽，過在夏、殷二代，對於封建，並無多大的進展而已，所以不能就說是到了周代才立卽成立起封建組織。

第三期，增多人口，提高慾望，發達交通，南北往來，夏、殷抗衡，諸侯爭霸，人民相凌，以致打破了封建局面，而頹廢了王道精神遂形成所謂春秋及戰國，列國對峙，競以富國強兵，而彼此攻伐的形勢。故如從政治上看之，可以說這是霸道政治時代。這種精神與重商主義相同，卽國家本位主義，軍國主義。表現於經濟上的，卽貨殖的營利，重金重商的傾向甚爲顯著。這與前代的所謂王道精神，大異其趣，如齊之管仲，鄭之子產的政策，就是這一個時代的代表。因爲從這種精神生出列國的對峙競爭，所以有些人稱之爲列國經濟時代。

依上面所說的時代區分，要完成這三個時代的研究，一定是古代中國經濟史本來的目的。第三期的春秋戰國時代，其內容較爲複雜，實際上很難在這一篇短著內完成之，現在僅就第一期第二期的重要事項，加以概略的敍述，自己願負其不充分之責，很希望編者與讀者的原諒。

# 第二章　封建制度成立以前之社會及經濟狀態

## 第一節　在黃土層或冲積層地帶之中國北部開始其歷史活動的漢族

中國歷史民族的漢族，遍於黃河流域，今日的山東、山西、直隸、河南、陝西、甘肅等地。所謂中國北部，特別以河南省邊境做中心，先展開其活動的舞台。這些地域，其西部多山，中央以東爲平原，因其土壤爲黃土層（甘肅、陝西、山西、河南）或冲積層（直隸、山東、河南之一部），所以大都爲富饒之區。至氣候，風雨寒暑均甚適時，四季之變化較多，周圍的環境，使人民重秩序，而尊崇其勞働。冬季刺骨的寒風，是天父的威嚴。夏季的炎熱，可以繁茂桑麻而豐稔五穀，此乃地母的澤惠。因爲這種土地情形，其民族，自然以農業爲本，形成許多的氏族部落，而散在各處。

## 第二節　太古傳說的考察

在中國古代，傳說有所謂伏犧氏、神農氏、或有巢氏、燧人氏、女媧氏等，假令這在歷史上很難承認，但也不能說是荒唐無稽而完全抹殺之。因爲在一方面，從其傳說的大意觀之，在他方面，也要將這種情形與世界各地的幼稚民族之經濟生活方式的變遷，加以比較的研究。所謂伏犧氏，其主要的經濟生活爲牧畜；神農氏是以農耕爲其特長的民族；所謂有巢氏其特色在居住上一如其名；燧人氏發明火食；由女媧氏是女性的酋長一點觀之，可以想像到母系氏族制的存在；「媧」字與「堝」及「鍋」相同，由組成「咼」或「鬲」的要素觀之，其所使用者爲煮物的陶器，有這種特色的民族部落，不是以其氏名相傳麽？我想這種看法，也不失爲一種見解。半歷史的黃帝軒轅氏，活動於黃土地帶，併且不是以使用車爲其特色的民族或兵車戰的民族麽？這在中國太古時代的考察上，是極有興味的暗示，就是在後代的研究上，也不失爲貴重的參考材料。

## 第三節　農本定居生活的開始

在中國北部，開始其生活階段的漢族，最初在山林中獵狩鳥獸，在河澤內撈獲魚鼈，或採摘果實，及掘取草根，以充其生活資料，這種幼稚朦昧，獲得自然物的經濟生活，雖只是暫時的過程而不必論及之，但因其自然趨勢的人口增加，其生活資料，僅依之於自然之惠，享樂於單純生活，漸感困難，所以此時當然的發生另尋其他途徑的必要。在此期間，積得了長期的經驗與智識的進步，又因在一方面，馴養了牛、馬、羊、豬、鷄、犬等家畜而感覺到牧畜之利；在他方面，又發明了栽培耕種五穀、蔬菜、芋薯之類，於此各依其土地的狀況，或牧畜，或農耕，以期獲得其豐富的生活資料。無疑的，這已進到了人爲的生產第一次的所謂原始生產的經濟階段。這恰與伏犧氏教養牲畜以供庖廚；神農氏起而授以耒耜之用，勸民以農耕的傳說相合。但不論是從傳說的意義上觀之，或從歷史的事實上推之，或從氣候風土的狀況上考察之，這是以牧畜爲主的時代。其次並不是農耕起而代之，也可說農耕是一般的及占主體的地位。在此期間，牧畜只是副產物，並沒有像漢北地方的狄、戎，逐水草而游牧的痕跡。可以看出僅黃帝所率的民族，因戰爭及巡獵等，有相當的移動。卽使如此，也僅不過是一時的現象，並非遊牧的移動生活。總之，漢族一般的，從來是在黃河流域的肥沃地域，開始其農本的定居生活，由此樹立起有特色之中國文化建設的基礎。因此，其文化的最顯著特色，是出發於農本生活。由家族氏族起，以致其他社會的各種制度，其成立雖極健全強固，但百行孝爲先。以此做中心，又發達了倫理道德觀念，其他一切，都不過是其農本生活的反映而已，所以說沒有開花不結果的。

## 第四節　由農本定居生活反映出的多數血緣部落

所謂農本生活，就是自動定居之意。一般的，特別是在土壤不肥沃的地方，成了逐水草而居的農民，依次尋覓新地，實行燒乾草以肥田的耕作，尤其在起變向風時如此。前面已屢次的說過了，漢族占據的地域，不僅都是黃土層及冲積層的富饒土地，也是地廣人稀的所在，因此可以想到能夠選擇及占領良好的耕地。他們就這樣與妻子兒女共居一處，耕田而食，掘井而飲，而無賴於帝王之力。我們可以想到除此以外別無他求，過着單純而幼稚的生活。如此，父祖撫養其妻孥子孫，子孫接受其父祖的田產，而繼承之，無斬荊披棘及墾荒之勞，可以永久生活。如他們再能勤勉開拓新地，這就可以增加其收穫的基礎，而永久保證其生活的裕如。但耕作需要很多的勞力，在開墾點，不能不用去許多人工。所以對於其目的，要看其共同工作人數的多少，及到某種程度止的工作效率，才可以增進其便利。在農本生活的社會中，自己都喜歡其家族的膨脹。其家族的人員，次第增加，這就構成其農業經濟的一個單位，由此形成相當大的血族共同體。不僅如此，併且在農民中的父子關係，非常的親密濃厚。爲父祖者，占領並獲得了肥沃土地而開墾之，或將其改良的耕種法，遺傳其子孫。子孫可不勞而繼承其若父若祖的肥田沃圃，這實在是狩獵民及漁牧民完全夢想不到的恩惠。在牧畜民之間，雖無世代相傳的繼承遺產制，但獸畜是動產，併且依其管理之如何，不僅立卽發生生死增減的變化，其支配權，也是由酋長的順序繼承，或者常成爲掠奪目的物的性質，這與農民，較爲永久不動產的田地，由其若父若祖而子孫繼承者，大異其趣。然而在農民間，田地不僅是其有形的財產，其若父若祖多年在農業上的經驗，在耕耘栽培上，有其貴重的價值。實際不耐耕作之勞的年老父母，依之指導工作以教之，可以漸收少壯者所不能及之功。農民一般的享受其若父若祖的恩德，無論是在有形及無形上都是極深大的，遠爲漁牧民族所不及。基於這種理由與特質，故農民尊長敬老也常遠在他民族之上，所以由此發生孝親，乃自然之理。如延長這種孝順若父若祖之倫理觀念，就發生崇拜祭祀祖先之風。這在幼稚社會中，表現出極有力的作用，對於血族團結，宗家統制支家，及形成所謂氏族團體上，發生很大的力量，更發揮了敦厚的人情，及虔敬的風俗。祖父母、父母、子孫、兄弟、伯叔、甥姪等，不論是縱橫，基於血族的感覺，形成了社會的結合，依其系統的直傍宗支，順從所謂先天的秩序，決定由族長以當統制，可以形成所謂大家族團體或氏族團體。因其歷代居住於同一地域，成員漸次膨脹增加，生出了一部落總屬於同一氏族的結果，這就是所謂氏族部落。那時繁殖於中國北部的漢族，大概都形成了這種氏族部落，分立散在於許多地方。在史記之黃帝本紀等內，所以稱為「諸侯」及「國」等者，可以認為指的是這種氏族部落的較發達者。在黃帝征服之而統一後，有「置以左右大監，以監視萬國」，其他在尚書堯典中，也有「萬邦協和」的字句，在益稷中也有「萬邦之黎獻云云」之語，所以表示於韓詩外傳及管子之封禪一節中，所謂「萬有餘家」和「七十二家」等語句中之「邦」「家」等字者，指的是因為占據一定土地，不論是社會的及經濟的，都不過是過着一個獨立生活的氏族部落，及少為發達的氏族部落而已。無疑的其數決不在少。

所謂這種氏族是母系的抑父系的問題，解決這個問題的歷史資料很少，在其遙遠的太古，漢族也如今日人種學者及社會學者所知道的，像世界各地的原始民族，大半不都是母系時代麼？其理由之一，漢族古來極重所謂「姓」，社會上的地位與關係，明顯受其影響。這個「姓」

字的構成，是由「女」「生」合成的會意文字。依說文的解釋，乃母系生身的標識，又在原始的姓上，有許多是由母的所在地之地名等而起，例如帝舜之姚姓，因其母生之於姚墟之故，其他如姞嬀嬴妘姜姬……等，因女爲姓，在古代很多，其論據也並非無力。但這不久就變成了父系族，不論是家系或族統，都由男系以傳，姓及其屬於姓者， 都用父系血統以表示之；在他方面，主要的有其族名部落名的性質，「氏」到了後來，也生出在父系之家名族名上而使用之之例。以致混雜了許多姓氏的性質，所謂軒轅氏、有虞氏、陶唐氏、及其他當時之氏，確非小的一個家系之名，乃是有相當人員之血緣部落的代表名。到了後來，又加上不同血族者，才成了地域的政治社會的稱呼，更進而表示封建諸侯，遂成了領有天下的王朝之名。

## 第五節　可以承認的族外婚制度

其次，這些氏族部落的婚姻，是什麼情形呢？雖不明瞭其詳細，然而無疑的是族外婚(Exogamy)。那表現於傳說及歷史上的是氏的代表人物，不在其同族間求配偶，而與他氏族之女結婚，可以推知，所謂同姓不娶的習俗，極其嚴格，早已實行之於古代。前者之例，如黃帝娶西嫫氏之女爲元妃，其他又與方雷氏、彤魚氏之女、及嫫母結婚。黃帝之子昌意，與蜀山氏之女結婚。帝嚳高辛氏與有邰氏、陳鋒氏、有娀氏、娵訾氏之女結婚。由此觀之，他們都是從族外以求得其配偶，不用說，在他方面，所謂照例同姓不娶的習俗，其淵源好像很遠，自表現於史籍以來，一般的極嚴格實行之。如見之於禮記的，這種事情在當時的習俗上，社會的道德上，議論紛紛。在曲禮上所謂「娶妻不娶同姓，買妾不必知其姓」，其註解「因爲這近於禽獸行爲之故。」由此可見一般。又在白虎通的姓名章內，說到了「人爲何有姓？乃因崇恩愛、敦親誼、遠禽獸，而別婚姻之故，所以紀世、別類、生相愛、死相哀、同姓不相娶，此皆所以重人倫也」。如此將同姓相娶比作禽獸，由這種排斥賤視之點觀之，可以推想到一般是避忌的。其次最須注意者在國語晉語中又說到「同姓之所以不娶，恐不克繁殖」之故，淸之顧炎武在其日智錄之「娶妻不娶同姓」節中，對此加以解說：「天地之化，如專則不生，兩則生，故叔詹曰男女同姓則不生殖。」由此觀之，無疑的，中國同姓不娶的理由，其最重要點，是避忌近親相婚不倫的倫理原故，和避免因血族結婚結果而起的弊害的生理關係。因爲這兩個理由，在世界各地，或以前存在，或現在存在，所以形成了外婚社會，這在所有的原始民族中是共通的。因此，一個血族團體的男女，決不在其自己團體內尋求其配偶者，形成了在其他不同的血族團體內以求其配偶的習慣。我想古代中國的氏族部落，也大概與此相同。尤其是在團體範圍內，有氏族的情形時，也有圖騰族的情形時，或將氏族分做幾個分族，在其一個分族自身內的男女，不得通婚，也有時生出好像可以與其他分族通婚的副生產物的習俗。如此，氏族團體，漸次膨脹，其範圍漸大，就是在其團體內，有許多血緣極遠的男女，這些男女，雖相互通婚，雖不致發生如上面所說的因外婚理由而起的障礙，併且也不許如此，所謂非常不便，一定要與其他氏族通婚。更因氏族愈繁，人口愈多，其不便也愈增。又在他方面，有如此許多人口，在氏族內，事實上，很難禁止其族內男女通婚。要立下一定的標準以救濟之，要在一個圖騰族，或氏族之內，設下許多分族，或在分族，與他分族之間，規定下卽使通婚亦無妨礙的辦法，以適應此環境。中國的情形，在最古時代，可以看到上面所說的氏族的外婚俗。其次成立了同姓不娶的習俗，更進而主張同德同姓，異德異姓之說。就是在同一血統，而其關係較近者之內，如其身神的德性不同時，也不妨視之爲異姓，卽使是由分化變化而來，說之其道理相同。

## 第六節　部落聯盟形成之社會的經濟的原因

太古的氏族部落，是外婚的，並定住於同一地方。在近鄰部落之間，互相發生婚姻關係，而結成親戚。如一部落的首領，與他部落首領之間締結婚姻時，可以看出在此兩部落之間，有許多因此進展而締結同盟，卽使不然，其部落間的關係，也極其親密，給豫防戰禍，及維持和平上以很大的幫助。古之王者，爲要達到這種目的，實行其一夫多妻政略，也間或有許多有力的酋長與諸侯娶其女而爲妃。如前面已說過的，黃帝納西陵氏之女爲元妃，此外又娶了方雷氏、彤魚氏之女及嫫母，帝嚳高辛氏與有邰氏、陳鋒氏、有娀氏、娵訾氏之女結婚，如說這不是權勢者強力者借此發洩其性慾，那麼無疑的含有上述的政治意義。從這種關係上觀之，在當時散處四方，多數氏族部落的相互間，促進開拓交通，或締同盟，或結聯合，的機運，遂形成部落聯盟，其中，又現出最有力的部落酋長，獲得宗主地位，而君臨其他部落的關係。

所謂由婚姻關係進展而爲部落聯盟，並非當然的，也可以說是偶然的。於此，容易採取一個最自然的如上面所說的發展經過的社會事實。簡言之，部落產生出子孫部落，其父母子女兄弟部落，依之血族的感覺及宗支關係，以結成聯盟。原來，過着幼稚農業生活的民族，在其形成部落時，依其土地狀況之如何，並不一致，大概可以分爲二種方式，一種因爲其地理是山地的關係，而不能獲得大量耕地時，所以僅在一個地方，不能養活其許多的人口，因此無論如何，不能形成農民的大聚落，而不能不散處四方。然而在山地較少的廣闊地方，與此相反，有相當大的面積，能夠形成聚落。舉例言之，如在古代日耳曼民族中，前者相當於其荷夫式(Hof 莊田之意——譯者)，後者相當於其道爾夫式(Dorf 農村之意——譯者)，如在中國的中原，其土地狀況，自然道爾夫式的聚落，可以散佈於各地。因之土地肥沃者，其生產力富饒，有集中其人口於一地之力，自然其集中力很大。但因爲依之原來幼稚的方法以經營低度的農業，也可以想到其界限之大小。不僅遲早要達到其當時事情以上的飽和點，更存有限制其部落大小的標準。那就是由住宅到耕地間的距離。在戶籍不多的期間，自然都在其住宅的附近開墾而耕作之。以後戶籍較多，則不得不漸延及遠隔之地。如此，由住宅到耕地的距離，雖有三二小時，但爲耕耘計，朝夕往返，或運送肥料，或搬運收穫，其時間與勞力之消費，各種不便，實非容易。孟子井田論的註釋者（漢趙岐孟子註）井田制，爲農民之居住計，在村落，有二畝半住宅以外者，更要在田間築下二畝半之廬舍，以便夏季農忙期臨時之用。如依此法，則相當擴大了一部落的可耕範圍，此亦有難成爲確說之點，例如卽使依此方法，愈遠的地方愈不便利，此情形與前記條件相合，結局恐一部落之範圍，大至無限。此外，如部落戶口增加，不能不將其原來部落的過剩人口，移往附近適當之地，而建設下支部落，以開拓其周圍的新地。如此經過若干年代後，原來部落，支部落，兄弟部落，甚至子孫部落自然的層層增殖，由此形成了宗支各部落。在一方面，由於崇拜祖先之思想與習慣；在他方面建設下分支部落時，他們從本部落所有之土地中，接受了一部份的給與，或由其本部落的援助佔領新土地而開拓之。不論是精神或物質，都以本部落爲中心，爲宗主，歸向之，結合之，以致自然的形成了族制的聯合。基於此種經過，聯合的宗主部落首領，卽所謂元后。其所統制之分支部落的首領，卽所謂羣后。如此，漸發達爲族制的國家組織。如其包括的範圍極大時，其宗主權之內容，亦隨之而大，而直接支配着土地與人民。對於所謂擁有羣后地位者，採取委任的統制形式，於此形成了封建制度的本質。

## 第七節　統制諸部落的霸道方法與王道方法

如此，又形成了部落聯合而發生元后與羣后的關係，並導入於封建制度的形成中。如上面所說的，與社會的自然發展，同是依之於先天的基礎。又如婚姻往來，如從親愛情誼之點觀之，其性質與趣向有些頗不相同，他們以實力與權威做基礎，以武力與政略爲後盾。如在一個部落的首領內，出現了英雄，練武強兵，征討而威服其周圍的各部落，遂於衆部落之上而獲得元后地位，統制羣后。這種情形很容易發生於經營游牧生活，慓悍戰鬪的民族之間。大概卽在和平的農業民族之間，因人口增加，族制混亂，生活資料供給缺乏等原因紛至沓來時，也要發生這種情形。

中國太古狀態，不僅並立散在着氏族部落，但不久又出現了這些部落的聯合，在多數部落上，由王或元后，以統制之。在易之繫辭內「古者包犧氏王天下」又云「包犧氏沒，神農氏作」「神農氏沒，黃帝堯舜氏」等，「王天下」與「作」等字句，所謂天下掩有若大地域，總之這個問題，可以將之看做是在其附近許多部落上的宗主權。族制的抑武力的，其原因雖不明確，然若依之傳說，如黃帝軒轅等，可以說是由武力的征服，以獲得其地位，自堯舜以下，其政治哲學的王道思想，是「以天子爲民之父母而王天下」，由此延長而擴大了家族制度氏族組織的中心觀念。如從以天道天下做其哲學基礎觀之，很多例子，是基於族制原因而成了聯合部落的大酋長。

然而在地大物博的中國，並立散在着許多的氏族部落，祖先系統不同者亦復不少，所以以血族的感覺，自然秩序等爲基礎之社會的結合統制，不致影響於其他系統的氏族部落，極其困難的是所謂建設下天下一統的大業。又如以武力征服之，乃僅實力問題，不僅不能使之永久心悅誠服，且藏着叛亂的禍機。所以如無某種統制結合，讓之分立散在而放置之，必然的要發生掠奪衝突，勢非釀成禍亂不已。他們卽以仁德爲其倫理的基礎而結合部落，撫育萬民，並理想化血族之感覺，基於所謂「天子爲民之父母以王天下」的基礎，以此確立其獨特偉大之王道原理，更進而以所謂王道爲鞏固天下的基礎。包犧氏教牧畜、作八卦、爲結繩；伏犧氏教以農耕之法及耒耜之用，製醫藥而開市場以交易；各得其所，這在當時，其仁德確爲其他酋長所不及；黃帝振甲兵而征其所不從，以此得天下，所謂「治五氣，藝五種，撫萬民，度四方，」如非依之仁德，焉得永爲漢族之祖而爲王。然以其偉大仁德而垂王道之模範，尙不及堯舜，因

第一圖

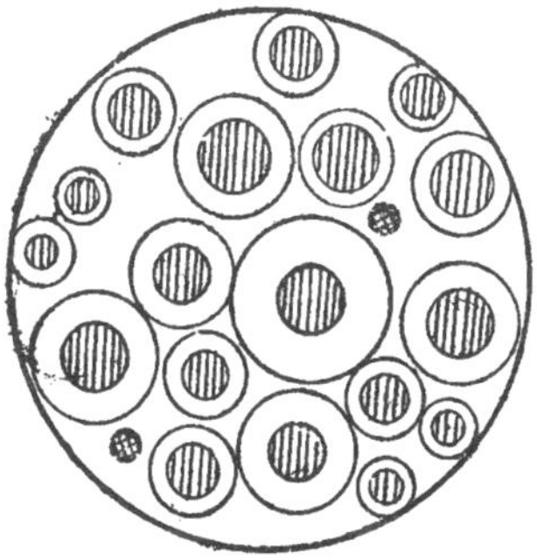

在第一圖中，表示出原始的氏族部落，自然散在並立，的狀態。外廓的大圓，表示北部中國之古代漢族活動地域，當時他們的世界，所謂天下。散在於大圓內的許多小圓，表示出原始的氏族部落。小圓中央的黑線部份，表示出支配權，卽族長。簡單表示出由此種族氏而支配的許多氏族部落，並立散在於各處。

第二圖

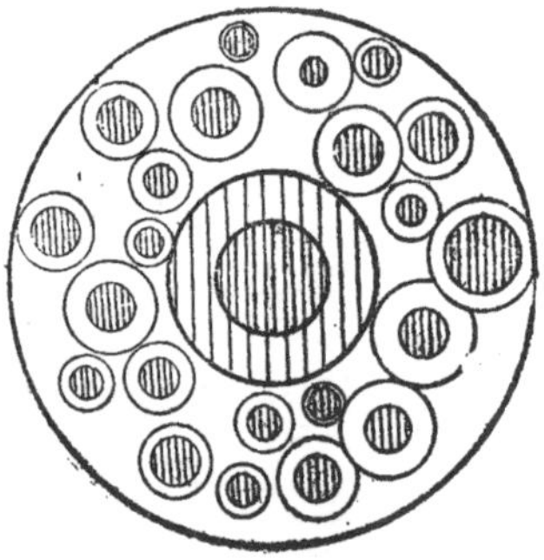

第三圖

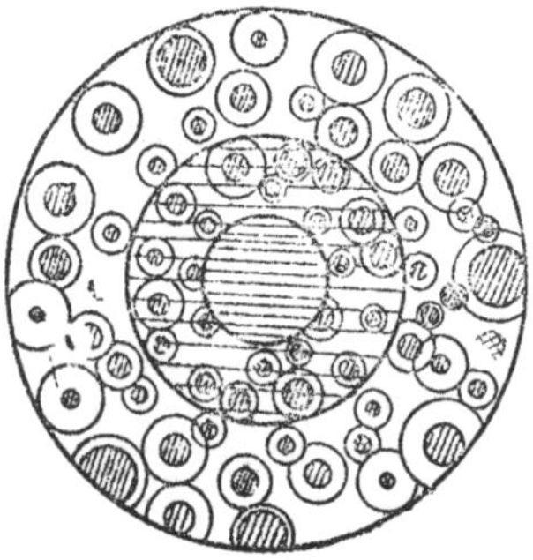

第二圖，表示出基於族制或武力的數部落之結合，這如到第三圖內所表示的元后與羣后關係之成立中，所進展的過程。

第三圖，表示出元后統制羣后的狀態，中央黑線部份，表示出元后及其直領，其周圍的小圓，即所謂羣后（羣牧）亦即後來發達而成的諸侯。然而元后與羣后之關係，前者對於後者擁有其廣大的宗主地位，然很難斷定此時已有了封建制度。

此時仍僅不過是聯合其相同部落之羣后，而以元后統制之而已，這已相當孕育着封建的萌芽，自禹治洪水成功後，社會的機運，俄然一新，封建之規模略俱。

今為便於了解計，簡單以上圖表明之。（此表曾載於拙著中國古代經濟思想及制度中，此處略加以裁取。）

## 第八節　幼稚的經濟生活之易「繫辭」的傳說

當時經濟生活狀況如何，很少文獻可考，所以太古狀況，除了依之傳說等以推考外，別無他法。雖不免於漠然，然既成傳說，也不能以完全無稽而排斥之。所以現在姑就其三二、傳說，以考察當時之經濟狀態，不無小補。在易之「繫辭」內，記載着包犧氏、神農氏及黃帝、堯、舜之文化功績。茲錄其中的經濟關係，試加以解釋。

「古者包犧氏之王天下也，結繩而作罔罟，以佃，以漁……」

此種結繩，在文化幼稚民族，尚未有像形字或文字時代，用以補助記憶及記錄，這與南美洲祕魯在古代所使用的「克浦」(quipus)相同。如此則時代傳說的價值，並不單依之口傳，也可存之於不同的考慮中，並且與後段所說的，「上古結繩而治，後世聖人，易以書契」相應。在決定此種傳說的歷史價值上，是可供參考的。罔罟，均為網，佃乃畋獵之意，可以由此想到由捕獲鳥獸魚鼈以供給其生活資料。卽表示出對於他們自動的生活，開始反映出其文化的曙光。其次又說：

「包犧氏沒，神農氏作。斲木爲耜，揉木爲耒，耒耜之利，以教天下。」

神農氏爲後世農業之神，可以將炎帝之號，看做是太陽的神化。太陽之光熱，對於農業是必要而不可缺的，所以將太陽看做農業之神，這種土俗也存於其他民族間。總之可以將神農氏看做是已入於農業生活時代的代表。耒耜爲類似鋤之木製農具，由人手以使用之，尚未拖以牛馬或其他獸類。不用說僅不過由此，表示出極低度農業的開始而已，因而這種幼稚的農業部落，好像已爲通有無而開市了。

「日中爲市，致天下之民，聚天下之貨，交易而退，各得其所。」

天下之民，天下之貨，雖詞句少爲誇大，但這並不是指的一部落，要看做是數部落間的互市，即四方交通往復之便，在一定地內開設市場，其周圍數部落的居民，各搬運聚集其所生產的貨物，互以有餘換不足，各滿足其經濟利益。在市內，依其便利，亦有於朝或夕開市者。這種市，僅限於其附近者，此外遠隔數里者，不克參與。然如日中開市，參加者，未明從家出發，午達晚歸，即相隔數里，亦得參與交易，故半徑三四里，即直徑七八里範圍之人民與貨物，亦得參集。總之，可以看出地方市場所行的是物物交換。

神農氏歿，黃帝、堯、舜作。……垂衣裳而治天下。

刳木爲舟，剡木爲楫，舟楫之利，以之濟塞、致遠，以利天下。

服牛，乘馬，引重，致遠，以利天下。

重門，擊柝，以待暴客。
斷木爲杵，掘地爲臼，臼杵之利，以濟萬民。
弦木爲弧，剡木爲矢，弧矢之利，以利天下。
上古穴居野處，後世聖人，易以宮室，上棟下宇，以待風雨。

所謂「垂衣裳而治天下」之意，卽在多數部落上以統制羣后之地位，可以想像到如元后之黃帝、堯、舜等，好像他們並不親事佃漁農耕，垂寬闊衣裳，過悠閑生活，所謂天下自治，於此可以保有貴族地位與相當的財富。又在水中發明了舟楫之利，在陸地，發明了牛馬馱載之便，人貨交通之範圍，無疑的漸及於遠方；居住，脫離了穴居野處的自然狀態，而營宮室，以避風雨；堅固門、牆、擊柝以戒暴客；由弓矢以充武備；爲精白五穀計，製出粗造之臼杵；這些雖是片斷的傳說記述，然可以略窺出從幼稚的狩獵漁牧部落，漸進於農業生活中，交通範圍，也漸漸擴大。

對於包犧神農等之氏號，尙有一考之必要。所謂包犧氏教牧畜，神農氏獎勵農業，此乃古來之傳說，又據近代人種學的報告，此種事實遍於世界各地，幼稚種族或民族，或其酋長之稱號，取其人民生活之特長而稱呼之，此例很多，多少可以作爲研究上之參考。因在北部中國，黃河流域地帶，當然的發生牧畜與農業，如鑑於生產組織的發達階段說等，或上溯及後世進到歷史的狀態，並非不可思議者。因此，可以說黃帝軒轅氏是活動於黃土地帶，並使用車的民族。由繫辭傳之服牛乘馬，引重致遠等語觀之，黃帝造車，與古史考之說相合，也或是兵車戰民族。如此，可以推想到交通的開始較早。

所謂神農氏教農民以耒耜之使用法，然耒耜爲何物，在禮器圖上說：「耒之狀如曲杴柄，耒下前曲，接耜處曰庇，庇長一尺一寸，中直者長三尺三寸，人手握執處，長二尺二寸，從庇至首長六尺六寸（耜爲耒頭，古以木爲之，後世以金屬製之），」此亦不過後世之想像而已。以鹿角（獸角）或堅木之鉤狀之枝爲鍬，以獸之肩胛骨之扁平部分爲鋤，徵之於原始農民的事例，如禮記圖所示者，乃較爲幼稚簡單之農具，並不能如後世以金屬所製者而深入土中以鋤之，因而所謂獎勵農業云云，僅不過是極幼稚而低級的農耕方法而已，但既發明簡單器具，而使用之，實際在其經濟進步上，無疑是值得紀念的。

在禮記內，有所謂蜡祭關於農事的祭儀傳說。註以古之天子，伊耆氏開始實行之，在司馬貞之史記補內說，創始於神農。總之，這廣行之於低級農業民之間，與靈魂說的祭儀，祭農神穀神，饗有功於農事之物靈，而除害之意相同。格丁斯（Giddings）所謂「祭祀經濟」之例，不單興味而已，並可以由之以推想到農業進步的程度。

如此，所謂從狩獵牧畜進到低度農業，在文獻上，雖大半不免於傳說，然鑑於北部中國之風土與經濟進步的一般傾向，決不是不合理的。總之，由土地的狀況，而交錯狩獵牧畜，低度農業民，他們無疑的是要經過相當的年代。前面已說過，農業有定居的、靜止的、保守的、和平的、及秩序的等特長，然亦有停滯不變之弊，更乏日新月異活動之氣。他們慣於驅使牛馬，發明造車，而勃興了長於兵車戰的黃帝民族，乘神農氏之積弊取其天下而代之，改造了，政治經濟各方面，展開其文化的新生局面。繫辭內說：

神農氏歿，黃帝、堯、舜作，通其變以勵民，神化之，宜其民，易窮則變，變則通，通則久。

這在考據社會進化之理論上，極感興味。關於黃帝、堯、舜的記述，也是漠然不明，大半不免於傳說。黃帝乃漢族內太古的大英雄，他征服或感化了分立散在的氏族部落，統治着較大的地域，而以元后威鎮之。他不僅以前代開發的農業經濟爲基礎，更加以各種文化的改進。依之史記內黃帝本紀，開交通，巡四方，定官制，行封禪之祭，植百穀草木，及定姓名等。黃帝「因生定姓」，在其二十五子中，賜姓者十四人，共十二姓，此亦載於國語，這與尚書「禹貢」之「賜土姓」相照，可以看出賜姓之制，由此時起。從來在氏族部落內，因襲的姓氏習俗，至此時代，發生多少變動，可以看出不論社會的，政治的，將來經濟的，都與某種特權相結，自然的氏族部落，漸變成含有封建的意味，到了堯、舜時代。其形勢更進一步。

## 第九節　土地上氏族部落之領域觀念的發生

氏族部落的領地，是如何發生及進展的呢？那並不僅限於完全依水產物以生活的民族，自然不用說，在他們的生活上，土地是最根本的必要條件。中國大陸，地廣人稀，在原始時代，亦如今日吾人之對於日光與空氣，無限自然之賜；一任其自由使用，他們對於土地之選擇，唯一在經濟的努力，無占有之必要。隨其所欲，以選擇土地，以爲其生活之根據，在其土地上，獵獲自生的鳥獸，採取草木的根莖果實，得飽其天賜之惠，以養生送死。然此部落之人口，漸次增殖，他部落也慢慢膨脹，獲得天賜之惠的土地範圍，也不能不隨之擴大。由彼此部落民採取活動範圍的互相接近上，發生了二個部落民，在同一地域內，採獲天產物的事情。於此，他們開始感覺到在其欲獲得產物的地域內，不令他人取得之，在他們與土地的關係上，發生排他觀念，卽發生所謂領域。但其起源，當時在他們頭腦中土地之大，以爲無限，如天之無際，地之無涯，故名之曰天下。一定之場所，爲絕對的唯一的，如甲佔領之而乙不抵抗，則絕不可能，他們開始由土地獨占的性質中，生出了領域的意識。

## 第十節　和平先占的領域「邦」與武力占據的領域「國」

如此隨人口的增殖，由其獲得生活資料的競爭，在各部落內，各有其部落民日常生活的地盤。由此就發生排他的占領，足以永久供給其生活資料之一定範圍的土地，以致完全遇着朦昧的自然生活者，使他們對於土地發生所謂彼我領域之感，恰如從曉霧中漸醒然於山容水態，在他們的考慮中，出現了領土觀念。同時，卽在事實上，限定一定之山河地域，而規定其境界，實際在規定此等領域上，大概可以指出二種方法。卽：

（一）和平先佔的領域「邦」恐怕就是表示這種領域的文字。

（二）武力佔領的領域「國」的確是表示這種領域的文字。

關於這一點，我已在中國古代經濟思想及制度（四五四頁以下）中說過了，但此處爲便利論述計，不厭重複而記其要領。

在取得土地的方法上，合法的有先占、交換、賣買、贈與、及繼承等；如押領掠奪等，雖是不法，然亦不失爲事實上的取得方法；這就是原始的和平的，無主土地的先佔。漢族在其開始於北部中國建設其氏族部落時，這些地方已先住有苗族，其大半地域，完全是草昧未開，廣漠無主的土地。依其所欲而先佔之，爲其定居之基礎，以後才發生領土觀念，我想這就是一般所稱的「邦」。我之所以以「邦」字表示此先佔之領土者，一方面是由解剖「邦」字而來，同時，也是由參照其他原始民族的土地先佔的實例所得的很多暗示所致。

台灣蕃族「薩塞特」的宗族公有地，對於其由先佔以取得的方法，依之小島由道氏的報告（臨時台灣舊慣調查會第一部蕃族習慣調查報告書第三卷一四二頁，大正五年一月）

本族的土地，重要是以先佔而取得之，卽本族的先祖，離開巴庫巴庫瓦喀來到現在之地，更由此到了平地，這些地方無人居住，所以完全是無主之地，各姓的祖先佔領之。土地先佔，並無一定的方法，卽先佔其地，築屋而居之已足。如有與他姓爭其佔領的先後時，由出草以決之。但依之大谿社民之言，在可作境界之處，切傷樹木，用作佔領記號。

此處所謂「宗族公有地」恰當於「氏族部落的領地」，其性質的類似，幾乎完全相同，僅不過以不同名詞表示之而已。又在境界處，切樹以爲佔領記號，這在後面說明「邦」字成立的意義上，乃很好的參考資料。對於台灣「阿彌斯」族土地所有權之發生，根據河野喜六氏之報告（同上書第二卷一二七頁大正三年十二月）。

蕃民現在之所有地，自其祖先移住以來，子孫連綿，在頭目及社民公認之下，年年耕耘之，遂成自己之所有地云云。

先佔之始終形式，管內各地均同，呼之爲「米達塔斯」，即「第一號」「最先到」或「先鋒」等之意，即先佔之表示『唯一形式』爲結草，所謂「米布龍」，據云，在欲開墾地域之四隅結以「苦瓦斤」（或茅）之枝頭數根，以表示先佔，而設定自己的所有權。其最嚴肅的方法，乃在其各隅，的「米布龍」之外，於其四隅並列線上，尙各有五六個「米布龍」（中略）。稱樹林的先佔，爲「蕪喀綱」，削去四隅樹木之皮，以表示其所有，如四隅無樹木時，從他處伐來樹木而樹之四隅，或連結之，而掘以小溝，名之曰「苦子苦」。第二例，祖先曾將其部落先佔領的土地，爲其部落民的家族所有計，而示以先佔的情形，

氏族部落的領地，雖非如原始的取得，但在其祖先先佔領部落時，其所採取的形式，幾乎與此

相同。在此二例內，或「付以切樹」，或「結以苦瓦斤的枝頭」，或「削樹皮」，然其對於先佔表示決定境域的習慣，這兩者的趨向是相同的。從來在規定境界上，多依之山川湖海之自然地形，如不能利用這種自然地形時，最普通的方法是立木，或樹石，或掘溝。然而最原始而又最簡便的爲削樹皮及立木的方法，這雖非永久，但可以在數年有效後，不難更新其方法，所以這種方法是最多的。中國太古民族，在其和平的先佔領其所要之土地時，也依之與此相類似的方法。我想彼等之所以稱其部落的領域爲「邦」者，即其遺證。

「邦」字由古文形觀之，有以下四種：（1）邦（毛公鼎古籀補）（2）邦（詛楚文拓本）（3）邦（師寰敦筠清）（4）邦（大夫如鼎畫堂）。其偏傍的「丰」在說文的解釋上，艸盛丰丰也，乃表示草之繁茂狀況，但並不僅限於草，也可以將之看做樹木。先就其丰傍觀之，如（1）丰與（3）丰可以視之爲特別占立的樹木或削去皮的樹木，如（4）朩爲倒立之樹；其他一半「阝」爲邑，即獨立的部落，詳言之，「口」不用說是表示地域的記號，「巴」與節或命之「卩」相同，指的是符節或命令的記號，這乃表示公衆的權威。即指的是有關於某地域權威之意，立樹或削去樹皮，以指示出某種範圍，不是可以解做「邦」字麼？如這樣解釋不錯時，我們由此可以說台灣蕃族的地域先佔方法，在其趣向上與此同出一轍。原來「邦」「國」二字都是國家之意，雖同指一物，然其字的構成之所以完全不同者，乃基於其成立之原因與經過的不同所致，如後面所說的，無疑的「國」字，指的是由武力以佔領之而防護之的地域，

「邦」字並非基於此種原因，乃和平的先佔，吾人可由其先占的標識，以排斥其他侵奪者，而推定之，因而由表示這種意義的文字與其文字的構成上，可以看出這與原始民族之先占所慣用的方法相符合，因此吾人的證明，大概是正當的。這到了後世，由天子賜給諸侯以領土，定其境域，以致名之曰封建，卽封土建國之意，在這種情形上的「封」字，指的設社稷之壝，積土爲界，之意。這種制度，並不是偶然發生的，乃原始部落制定境界之法，我想這與「邦」字的意義有關。因爲第一，其發音「邦」「封」同屬丰聲，而相同，在其字形上，「封」爲小篆之𡉚，在比此較古的鐘鼎及古幣文上，𡊄或𡉛。這都與「邦」字有完全相同的要素，而形成其文字的主要部份。由此按之，我想「封」字乃「邦」字的轉化。在說文上，解做是「封」字的小篆𡊄，㞢乃「之」卽「去」之意，又說：「封爵諸侯，離其土也，從寸，寸卽守其制度也，」此解少涉技巧之嫌，我們僅以爲由「邦」轉「封」，而再變爲「封」。如此則很難說明「丰」字發音的出處，今雖不存有「封」字，然如前述之古文「𡉚」確等於「封」「𡉘」，所以在籀文以前，此字是存在的。依此考之，最原始的，基於氏族部落先占的領域卽「邦」，在由其氏族的本部落以分出支部落時，從其原來部落的領域中，測量以適宜面積而分劃之，在決定其境界而附與其支部落時，由「封」字以表示之，以示與原來部落之原始先占地不同。「寸」字可以由測度意以了解之。我想以後「封」字又轉化與設定社稷之壝等制度相關。與其說是設定境界，毋寧說是堆土，所謂作壇之意，由解剖作字的要素觀之，顯然的，這並不僅是推定而已。

總之，所謂「邦」之和平先占領域的觀念，變遷發展，推移到後世的封建觀念。至少無可疑義的，是由「邦」字的發音，傳到「封」字，「邦」「封」二字的古文字形，在其要素上是共通的。

其次，所謂由武力以占領的「國」，也是從解剖其文字構成的原因而來。今日使用的是帶囗的國字。在鼎鐘龜甲文上，爲或或等，也有如戜戜𢧢𢧢，其最重要的要素爲𢦏，有時付之以土或邑，域字乃其最近似字，在說文上，於才部內說「或爲邦世，從囗，以戈守一，一地也，域乃或也，或從土。」又在囗部內說「國乃邦，從口，從或。」文學士後藤朝太郎氏（國家學會雜誌第二十七卷第六號）以爲說文的「以戈守一，一地也」的意義不明，他說：我想囗乃國土之意，如說以兵器之戈守衞之，所謂一，指的是領域界限。有時一如亘，有二線，這又是表示田地境界之意。與畺字相同，表示一國對於他國或其他部落，備以兵器之意。」高田忠周氏在漢字詳解內說：囗卽四方，卽四疆，守之以戈，邦國之意，非常明顯云云，」總之，合象徵一定地域的囗與象徵武力的戈，不難會得其文字的意義。「一」「土」「口」等，爲增強其意義，或附加以附屬的意義之用。人或二字，主要是在防備上雖從用武方面，可加以說明，然而我們可將之解做是在占領土地時所用的武力。如從防備的武力觀之，此字的構成，乃表示對於「國」字之防守武備等之意。雖應有某種例子，但從來絕無其事，如主要的，僅從占領國土的意義上，或有時用之於國土要塞區域的城市意義觀之，明顯的不能得到其眞相。如吾人所主張的，爲表示以武力佔領的一定領地計，無疑乃作成的文字。因之，在一定部落旣占領一定地域爲其領土時，如他部落欲侵略之，要用以保衞之力，在這種意義上，我想論者的主張是有相當意義的。

右二者，在土地領有權的發生上，乃最原始的方法，這在後世封建制度與王道的天下上，對於土地制度的精神，給以不少的影響。

## 第十一節　祭祀宗廟對於成立封建制度之精神的及實質的影響

在中國古代，成立封健制度的背景，其經過及其次第的發展大概巳如上述。此外在其成立上，尙有不可不注意的重要點，此卽宗廟社稷之祭祀，所給與封建之精神及實質的影響。宗廟祭祀，自然不用說，是基於崇拜祖先的宗教觀念，有崇拜祖先習慣的，在世界其他文化民族中，雖亦不少其例，但均不如漢族崇拜祖先之特別顯著而濃厚。其影響所及，有形無形，浸潤波及於政治、經濟、社會等各方面，所以不能不承認對於現在要研究的封建制度的來源，有很深的關係。

在漢族之間，崇拜祖先，雖有其淵源，但與其他民族間的崇拜祖先並無大差。因爲他們很早就入於農本定居生活中，所以在經濟及社會的關係上，子孫特別深感對於其父祖的恩愛。這種敬謝之念，在生前，以孝敬事其尊親，對於其死後的祖先，成了永久崇祀其靈魂的習俗。如祭義所說的：「君子反古復始，不忘其所由生也，以是致其敬，發其情，竭力從事，以報其親，不敢不盡也」，卽基於所謂根本反始的精神。因基於此種根本反始精神的崇拜祖先，與其敬重宗廟的祭祀，同時，重視血統的繼續與繁榮，因而生出了重後嗣之風。卽不僅他們自身鄭重而嚴肅其崇拜祖先的祭祀，更欲使其子子孫孫，都繼續崇拜其祖先，以希其祭祀垂於永遠而不絕。其結果，以絕嗣爲最不孝，以致在婚姻法上，公認妻不育子爲離婚理由之一。如此，貴血統，重後嗣的結果，引起了在社會，經濟，及政治等上，鞏固其特權職業之固定性繼續性等的地位。可以看出由此促成了凡百一切都有其世襲制特質的封建制度。

在他方面，崇拜祖先的習俗，可以使之血緣關係的族員，增強其以祖神爲中心的自動結合力。宗廟不僅是宗教的社會的中心，更是統率其團體之政權的本源，在祭祀祖宗的祭主，乃其直系嫡統的特權，有此特權者，依其權威以統制支配其族員。在祭祀時，由族員供獻以犧牲貢物，這成了支家對宗家，被支配者對支配者常例的貢獻，更由此進化之，生出租稅的性質，行政權與財政權由宗廟的祭祀而起。如此，漸漸增殖膨脹了氏族部落的人口及勢力，卽使在生出許多子孫部落時，也是以繼承祖宗祭祀的幹部部落做中心，許多分支部落歸付服從，形成一個大的族制的聯合部落。在這中間，基於自然秩序與先天的血緣感覺與同祖信仰，行以統制結合，使其幹部部落得保其宗主地位。這就是成立所謂純粹族制的社會組織的自然經過。我想在中國古代，就是這種形態的發展，並存着相當大而多的族制團體。然而如大陸國的中國，其間散在割據的部落，其祖先不必盡都相同，因爲有許多各個獨立的崇拜祖先部落假使某個強大的氏族部落，獲得政治的支配其他部落的元后地位時，對於在其統制下不同血統的羣后，自然不用說不能強同其族，而依之宗廟的崇拜祭祀，使之歸付服從。他們於此利用流行於恰與此文化程度相同的人民間的天父地母觀念，及感生思想，擁抱天下之萬民，而草就一個大規模崇拜祖先的原理。不論宗教的或社會的，必獨特其自己的地位，以期發揮其對於其他氏族的宗主權。卽彼之始祖爲天生之子，以天生之子而居人帝之位，故曰天子。因以天地爲父母，所以崇拜天帝之百姓，當然要服從天子之統制。天子代表萬民而保有祭天之特權，同時又代表天帝而撫育萬民，由此作出王道觀念。換言之，利用天父地母之思想，欲百姓萬民以天地爲父母，由此生出天蒸民，所以崇拜祖先的觀念，是付結於天地及其所主宰的天帝的。因之，其自己的始祖乃由天帝之感應而生，受天命之特子，所以天子有祭天之特權，以天地爲父母之百姓萬民不能不以天子爲宗主而服事之。由此，就設下了禘、郊、祖、宗、（祭法）之祭祀，爲徹底其觀念計，在祭政尙未分化時，其政權的根基，乃建築於崇拜祖先的宗教習慣之上。我想中國古代，在其雜族制社會中，卽在其崇拜祖先習俗尙強的時代，爲欲渾一統制之，方生出這種必要及可能。實際可以說這乃成立中國古代封建制度之內在的重大特色之一。

## 第十二節　祭祀社稷與成立封建制度之內在的意義

其次再考察祭祀社稷在中國古代封建制度內有何意義？由關於社稷之周禮（地官大司徒、小司徒、封人、春官小宗伯、考工記、匠人，）禮記（郊特牲、禮運、禮器、祭法、祭義，）及尙書（尙書序、甘誓，）詩經（載芟、良耜，）等記載觀之，明顯的關於夏、殷二代的材料極少，如欲少知其詳，乃是在周代以後。然如從社稷及其性質考察之，可以將其起源看做是漢族進到農業經濟生活的最初期。因爲這種祭祀，都不過是靈魂宗教與象徵主義的思想產物而已，故在文化史上，適當的是看做之爲較幼稚時代的產物。

不用說，社爲土神，稷爲穀神，在班固之白虎通上，有何爲王者之社稷？自設問而自答之：「爲天下求福報功，人非土不立，非穀不食，土地廣博，不可偏敬也，五穀衆多，不可一一而祭也，故封土立社，示有土尊，稷五穀之長，故稷而祭之也。」這雖爲後世之解釋，但大體上，也是這種意思。因爲文化仍然幼稚的農民，他們由土地與五穀維持其生活，故深感其恩惠而崇拜，[illegible]，成爲祭祀的對象，並非不可思議。他們對於（天父）地母之觀念與穀母，黍娘之迷信，事實上這存之於許多的原始民族間，中國祭祀社稷的原始意義，恐亦不能例外。在禮記「祭法」內，古時相傳名九州爲伯、共工氏之子爲句龍，立后土而祀之成社。所謂厲山氏掩有天下，名其子曰農。以殖百穀，所謂周之祖之棄亦開發農業者，於此，祀此農、棄而成稷。我們可解釋之爲後人將這種文化的古代英雄的傳說，附會成靈魂主義的土神與穀神，更配祀而合祭之，並不能視爲社神稷神的本體。

幼稚農民，崇拜生產，及崇拜供給其一切生活必需物的土地，是有理由。在其生產物中，特別五穀爲其主要食物，念及維持其生命之源而祭祀之，極其當然。況隨之人口的增殖，益增強其感覺，又加以偶然因土地之肥瘠，年成之豐歉，而迫於禍福災祥的經驗，更刺戟其幼稚的宗教心，由此生出所謂「求福報功」之念，而成立起永久祭祀的迷信習慣。尤其在最初，僅不過一般的漠然所謂地神穀靈而已，以後才將其對象，指定並象徵某地點，某穀物，具體化，儀式化，在一定季節行以祭祀。誠如班固所說的：土地廣博，不可偏敬，故封土立社，示有土尊，五穀衆多，不可一一而祭，故進化成指定五穀之長爲稷，而祭之之風。

特別在他們的意識內，發生領域觀念時，對於土地的崇拜，不能不自己分化之，即地對於天，換言之，對於全體大地爲一部份與對於他們的領域爲一部份。對於前者，可以視之爲所謂「地載萬物，天垂象，取財於地，取法於天，是以尊天，而親地也，故教民美報焉」（禮記「郊特牲」），其對象物愈大，一般人民對此之觀念，亦愈空漠稀薄。每個部落民，特別是後者，即在其日常生活上，對於直接實際享受惠益的領域，收縮之爲其崇拜的對象，所謂社稷之社，主要的卽指此而言；對於前者，元后位於羣后之上，綜合每個直接領土爲上級領土，僅在君臨他們所謂天下之資格上，以祭祀之，由此更化分之，而分別出無領土意義的全大地之地神與有領土意義之王土的社神。由此再分化之，王有大社王社，諸侯有國社侯社，各分等級而祭祀之。在他們的生活上，愈明確其對於土地重要性，的意識，社（稷）之祭祀，亦愈感必要，他們在其生命源的神上，社稷與其最崇拜對象的宗廟，同其尊崇。社稷與宗廟並稱，所謂如建國則左祖右社（稷），不論何國，在中心地點的京都內，社稷與宗廟並立而祭祀之，表示他們對於其生活必須品之所自出的必然的尊敬之意。因宗廟，乃其血緣團體之生命本源，因之在族制上，乃維持其團員秩序及行以統制的權威所系，並且所以要繼續不斷祭祀者，乃在證明其團體的獨立與其血統的純粹，故不僅社會上的意義，就是在政治上，也極重要。在禮記「祭儀」上，說明之如下：「不忘其所由生而敬之，發其情，竭其力以從事，以報親，敢無盡也，」此乃充分而原始的對於祖先的崇拜，更可看出，這在成了一種政治集團的氏族部落與成了羣后的諸侯後的宗廟祭祀上，含有國家學，甚至政治學的意義。與此相等的祭祀社稷，在其最初，也僅不過單是「禮行之於社稷，百貨極而可，」（禮運），「祀社於國，所以列地利也」（同上書）而已。漸漸發展之成為領域之神，更進而指的是領地權、領土權，甚至於國家的自身。例如讀曲禮中對於社稷的章句：「問以國君之年，長則曰，能從事於宗廟社稷矣，幼則尚未克從事於宗廟社稷也」；「國君去其國，止之曰，奈何去社稷」「國君死於社稷」，很可以明瞭這都指的是國政、國事、國家大事，或國家的自身。在封建制度成熟時代，好像可以將社稷解釋為此種意義，對於封建制度的自身，有其本質的關係。至其所以如此者，大概可以說明之如下。

由上述的意義，就發生了一個大的獨立氏族部落，將宗廟與社稷祭祀之於其族長之居城內。然由其部落人口的自然增殖，或其他必要上，分其一部份族員，建設新的支部落時，分割其領域的某部份，與其新建之支部落，新成立支部落的族長。於此，在其所得領域之中央，經營新開的城市，一如其原來部落，建設宗廟與社稷，以期形成一個新的獨立部落。如此，不用說，要在其宗廟內，供奉着建設此新部落的始祖；在社稷內，祭祀着從本部落所分與的領土之土神（穀神）。這雖不知起於何代，但在建築其社（稷），壇時，從本部落的社壇內，拿來少許的土而撒布於支部落所築的社壇上，成立了象徵其所領受的習俗。如此漸漸變遷演進，天子授諸侯以領地，使之建國，而行所謂封建，也恐怕是由套襲此種形式而來。如依之周代的制度，於天子居城內所建的大社中，置以五色之土（東青、西白、南赤、北黑、中黃之風），在封建諸侯時，少取其一方之土授與之，諸侯以此撒布於所築之國社上，以此象徵由天子而獲得領地權，在逸周書的「作雒解」中，有以下的記載：

……乃建大社於周中，其壝（壇？）東青土、南赤土、西白土、北驪土、中央疊以黃土，將建諸侯，鑿取其方一面之土、苞以黃土，苴以白茅、以爲上封，故諸（侯）命受於周，日受削（封）土於周室云云。

自然，此乃周初之制，明白表現於其文句上，但這種制度是否創始於周代？抑上溯其起源於殷、夏時代？是不明的。在尙書「禹貢」的徐州條內，厥貢惟五色土，此五色土，在當時，果用之於如何目的上，成爲問題，在孔傳內對此，說明之：王者封五色土爲社，建諸侯，則各割其方色土，與之使立社，燾以黃土，苴以白茅云云。在蔡傳內，也有與前記「作雒解」有同樣的記載。由此觀之，孔、蔡二氏，不僅在周初，相信卽遠在其以前的禹貢時代，早已成立此種制度了，然果如前面所述，雖不敢確言，總之在周代，於天子封建諸侯時，上述五色方土的象徵授受，好像是必須儀式。所以此種比較複雜的象徵主義，果眞是從較單純幼稚的象徵主義演進而來，此處並未論及，故其起源相當的久遠，我想恐怕並不是到了周初，才突然發生的。因爲天子之天下領土，與諸侯的封域關係，其性質的異同，表示於此種象徵的儀式上，極感興味。

綜合上述，散在中國本部多數的氏族部落，在其生活的根據上，占領必要的土地，由崇拜祖先的習俗而祭祀宗廟，由領域的土神而供奉社稷。這些氏族部落，由其自然的發達而增殖人口，擴張領域，經過若干年代後，有大小強弱之分，由此生出生存競爭，所以此種純粹的族制，可以維持其現狀到何時止是困難的，早晚要失其族制的純潔，不得不以其領域爲爭奪的目的物；在他方面，大陸國之中國，土地極廣，農本的經濟生活，對內是和平的保守的，比較永遠得遂其自然的發達。今有一大氏族的本部落，發展膨脹的結果，分化出許多支部落，這些支部落，接受本部落的血（族員）與土（領地），不論是社會的或經濟的，都形成一個獨立團體，由其血統的起源，以建設下宗廟，由其所受之土地之神，建設下社稷以祭祀之，與其本部落之所作所爲相同，本部落與之，支部落受之，其間自然的成立了宗支本末的關係。元后與羣后，或王與諸侯的關係，卽胚胎於此，以致進展成所謂封建的政治學。卽以本部落爲中心爲盟主，締結一種聯盟關係，如與他部落發生戰爭時，以本部落爲盟主而統率之，以禦敵；即在平時，亦隱然形成有階級與秩序之一大社會組織，在祭政尚未公然分化時，宗廟與社稷的祭祀，自然在政治的統制上，有很大的力量。在本部落的祭祀祖宗上，集合許多支部落，以給與之、供獻之，由同姓意識以加強其族制的結合。就是在祭祀社稷上，也生出支部落的社稷神乃本部落社稷的支體的觀念，即在其內面所包含的領土與領地的意義上，也有本末之差。支部落對於其所受的領域，雖有直接使用收益權，但授與此種領域的本部落，慢慢的維持着一種高級權力，在某種情形上，好像成立了可以削小之剝奪之的關係，由此發達成熟，形成了所謂封建制度的實質。總之，宗廟象徵着氏族部落之人的要素；社（稷）表示其物的要素，在由此要素所成立的封建制度上，極明顯的宗廟社稷頗有其重大的意義。

有一貫血統的一個大氏族部落，化分之，以其本部落爲盟主，成立部落聯盟，由此遂成了純粹的族制的綜合組織。發展成族制的封建國家之大概經過，已如前述。在中國古代，散處中原各地的氏族部落，並非均由分裂同一血族而來，假令其人種與民族相同，但因其許多系統之姓、氏、族、相接壤，分立而割據，所以其直接祖先各異，決不能看做，如前面所說的，僅由和平秩序的經過發展而來。強大的甲族部落，征服弱小的乙族部落，併吞其領土與人民，對於其奪取的領土，封以子弟或功臣，以期建下新的部落邦國。在某種情形上，弱小部落對於強大部落的壓迫，少爲抵抗而降伏之，或全無抵抗，開始獻以幣貢而賓服之，接受強大部落的保護與統制，在這種情形上，或仍其舊，或多少削其固有的領地，而承認其部落的存在。又如見之於其「堯典」「禹貢」「甘誓」等，在中原，特別在黃河流域，屢有洪水氾濫，災及於田野村舍城市，經濟基礎的土地，發生了很大變動，由避難移民，興亡，混亂而實行以許多社會的動搖與變革。結果不能維持基於原來自然發達的族制基礎，不得不進到隨遇而安的社會形式。因此，亦影響及於宗廟社稷的意義。祭祀宗廟的固有方面，漸失卻其政治的意義，而成了每個血族團體內部的儀式。另一方面，萬民父母之神的天帝，所謂天子爲萬民的總代表而祭祀之，進展到構成王道觀念之要素的思想，社稷不係於族制關係之有無，發生其領地的原因，與其變遷的狀態，雖不必盡同，然皆以在地上代表天帝的天子之天下領土中，分割賦與之，即封土以建國的象徵，取天子的大社之土，散布於諸侯的國社，諸侯之所以祭祀這種社稷者，乃象徵在王土之上，保有其自己邦領之意，因此遂視封建的邦國與社稷，爲異名同實之物。

記載社（稷）最早的爲尚書「甘誓」之「用命償於祖，不用命，戮於社，予則孥戮汝」及論語之「宰我答哀公之問、夏后氏以松、殷人以柏、周人以栗。」由此以考之，夏后氏時已有此種辦法，並且祖（宗）廟與社稷並稱，不難知道其對於國家地位之重要。在甘誓中所看到的，乃就王之社（王之祖），夏亦與一諸侯，除成王后而即王位之外，的確可以看出其他諸侯亦如夏而祭社（稷宗廟）。由宰我之答，可以看出植於社周圍樹木種類與夏、殷、周不同，然難知其實制之詳，現在只有根據禮記與周禮所載而知其大概，總之，周之天子所祀的社有二種。

(一)大社　天子爲天下之王，而祀其全領土之地祇，天子乃基於獨特的資格，在庫門內之西，方五十尺之廣場，盛土築壇，置以東青土、南赤土、西白土、北驪(黑)土、中央黃土、五色之土。祭法，王爲羣姓立社，卽曰大社。

(二)王社　天子爲元后爲王，在一方面爲大地主的貴族。與羣后諸侯有相同資格，卽直接領有王畿。王社就在王之此種資格上而祀其直領地的土示，此雖立於藉田之上，但不能看做是單祀藉田的土示，祭法之王自爲立社，曰王社。

此外又有亳社，或亡(喪)國之社，乃尊敬先朝殷之社而祀之，與前二者的意義大異。在尙書「商書序」內說：「湯旣勝夏，欲遷其社，不可，」由此觀之，夏社、也存於殷代，天子的大社無屋蓋，以期受霜露風雨，而達天地之氣之意。因亳社爲亡國之社，故覆以屋蓋，不使之受陽，而異其構造。諸侯在其國內祀：

(一)國社

(二)侯社

祭法爲「諸侯爲百姓立社，曰國社；諸侯自爲立社，曰侯社；」國社祀以從天子所受的全體封域之土示，接受天子大社內方色之土而撒布其上，以象徵受封之意。侯社乃對於諸侯直屬之土地而言。

在周禮「地官大司徒」中：以天下土地之圖，周知九州之地域廣輪之數，其社稷之壝。在小司徒內：凡建邦國，立其社稷。在封人凡封國、設其社稷之壝。如由考工記匠人之營國左祖右社觀之，不論於王之天下或諸侯之邦國內，經緯其天下國家之土地，卽在築其都城，亦必先建以社稷，而祀之，明顯的，這與宗廟有同樣的尊敬。

# 第三章　封建組織之特質及其土地制度

## 第一節　概論

中國古代所行的封建制度，在其一般的性質上，也是以世襲的土地所有做基礎，不論是在政治上，經濟上及社會上，其各種秩序與組織的成立，與在日本及歐洲等所行者，無大差別，然在根本的思想及觀念上，有其極獨立的性質。吾人所稱爲王道者卽此。故我想對於中國古代的封建制度，可特別給以王道封建制度之名。

領有大規模的土地，而支配居於此土地上的人民集團，尊重宗廟與社稷的祭祀，許多農本生活的族制貴族，分散割據而稱羣后。在這種羣后中，族制的或實力的。或族制與實力相合的，對於其他羣后占着宗主的盟主地位，而號之元后的前期社會，更進化發展之，元后就天子之王位，以天下爲王土，以億兆爲王民而君臨之，對於王之伯叔子弟及功臣等，封以土地而使之建國，從前羣后之所以服於王者，乃基於由王命以賜土而建國的形式，現在皆成了諸侯，王在總括這些諸侯領地的全天下，有高級領土權，同時，又在其直接領土上，領有一大面積的土地，如此形成的社會，乃基於王道觀念而成，卽中國古代封建制度的本質。

## 第二節　王支配下的全領土——天下

王乃天帝之感生子，受命之君，天帝如天上的主人，爲全地球的君主，由此觀念出發之，普天之下，皆爲王土，而呼之爲天下，再由此點出發之，而普及其支配權於全球，然在實際上，當時帝王之德威所及乃事實上之天下卽王土。故其範圍依時代而有伸縮。

王對於其天下領土之支配權的作用，第一規定區劃其領土，而授與之一定有力者，所謂封土而建國，使之成地球上第二次的支配者，所謂封，原來指的是劃定境界之意。建卽建國，在一定之土地與人民上，確立其支配權。然王之所以封建者，並非將其自己所有某一定區域領土上的支配權，全部讓與諸侯，可解爲附託以無期限對於其世襲的土地與人民的直接支配權，諸侯接受此支配權，對於其土地與人民，也並非絕對無限，由立於其上的王以監督之，在賞、罰、黜陟時，對於授與諸侯的領地，有增加之，削小之或褫奪之之權，所以被封建的諸侯，乃是從王之所有權內，除去某種最高支配權的剩餘部份，對於其土地人民的直接支配權，僅限於其封土之上。如此，諸侯所受者，僅對於封域的領土權，王之所有者，乃遍於全天下的高級領土權。

王之天下的領土權，較之諸侯的領域權，高一級，其內容雖不如領域權的充實，但亦不僅如上述，愈至僻遠之地，實際上的效力愈薄弱，以至於零。此種鞭常莫及之王領地，或呼之爲蠻夷，或稱之爲化外，依之王的威德大小強弱，事實上，不免伸縮其範圍。總之，在其效力所及的範圍內，封建諸侯而設定並授與以領域權，在諸侯有功罪時，有增加，削小或剝奪之權。

在王之天下領土內，規定下所謂五服九畿的服屬關係地帶。所謂五服，依之「禹貢」的規定，名中央方千里爲甸服。王之直接領土，依次向外擴張，每方五百里劃成井桁形之地域，名之爲侯服、綏服、要服、荒服。在侯服上封以諸侯；在綏服上，揆以文教，奮以武衛；在要服上，與夷狄雜處，流放罪人；荒服一任蠻人的居住。在周禮上，以王畿之外爲九地帶；在職方氏則名之爲九服；在大司馬則稱之爲九畿。依之「大司馬」之文如下：

乃以九畿之籍，施邦國之政職。方千里，曰國畿；其外方五百里，曰侯畿；又其外方五百里，曰甸畿；又其外方五百里，曰男畿；又其外方五百里，曰采畿；又其外方五百里，曰衞畿；又其外方五百里，曰蠻畿；又其外方五百里，曰夷畿；又其外方五百里，曰鎮畿；又其外方五百里，曰蕃畿；

依之職方氏之文如下：

乃辨九服之邦國，方千里，曰王畿；其外方五百里，曰侯服；又其外方五百里，曰甸服；……

這僅以服字代替前面的畿字，其意相同。又在大行人內，以蠻服爲要服，以要服以內的六服爲九州，九州之外，合夷鎮藩三服爲蕃國。在尙書的周書康誥內，載有周作新大邑於東國洛，以定王畿之中心，將畿外分爲侯、甸、男、采、衞各服，與周禮所載者大致相同，此外，侯、甸、男、衞等之語，亦見之於酒誥康王之誥及召誥中，我想這無疑的，乃周代的實制。

這由周禮之九服，各服五百里之遞延推測之，藩屬之外境，距王城各面五千里，卽方一萬里，與「禹貢」之方五千里比之，正當其面積的四倍。禹貢之方五千里，未免過大，所謂方一萬里者，卽在周朝版圖極盛時代，也未免過於誇張。關於這一點，周禮之五百里，雖非指各面而言，乃兩面相合之意，就是各面二百五十里之說，亦未免過於穿鑿。總之，卽以九服爲天子君臨之天下邦土，亦不過實際上沾染王化膺服王權的內部服數而已。名義上稱爲蕃國的夷、鎮、藩各服，雖有王士之名，但實際極其疏遠。

以王畿爲王之直接領土，於畿外諸服封以諸侯。在大行人的條下，可以見看從侯服到蠻服，所謂九州六服之朝貢，其差別如下：

侯服，每歲一回朝覲貢以祀物。

甸服　二歲一回朝覲貢以嬪物。

男服　三歲一回朝覲貢以器物。

采服　四歲一回朝覲貢以服物。

衛服　五歲一回朝覲貢以材物。

要服　六歲一回朝覲貢以貨物。

關於六服以外者，一世（一代）一見。

九州之外謂之藩國，以其寶貴者爲贄。

如此至要服止的六服，雖異其期，然各有其定期朝貢的義務。所謂蕃國，在更換酋長及新王卽位時，僅覲見一次，其貢物，亦無一定的物品，各以其寶貴之物爲獻。

至其所以定服者，由離王城之遠近，而對於服屬朝貢等之義務，加以分別。在交通極感不便的當時，如不論遠近而課諸侯以同一義務，則不公平。距離近者，無屢朝之勞；距離遠者，其往返之困難益大。卽在貢物上，距離近者，卽運送大量貨物，亦無困難；遠者則非常困難。所以對於近王畿地帶的諸侯，課以大量祭祀用之犧牲品，依次漸遠，則貢以量小而質精者，總觀上述，（嬪物乃婦功之品，絲枲之類；器物乃尊彝之屬；服物乃玄纁絺纊；材物乃八材；貨物乃龜貝之類）貢物之價格及其運費，有適當的分配，以保持諸侯的公平負擔。這種主義，見之於禹貢五服之制，及其賦之等級與貢匪種類之上，這不失爲王道封建之財政主義的一特徵。

## 第三節　王的直接領地

天子爲天下之王，有天下的領土權，同時又是其直領地的一個大地主。天子之對於其領地與諸侯之對於其邦國，其關係幾乎相同。在禹貢，稱此直領地爲冀州，或甸服；在殷周，稱之爲畿內，或縣內，中國，及中邦等。因王在天下之領土內，對於諸侯的統制，選定以最有利的重要位置地域，於此建設邦畿，羣視之爲當時天下之中樞地，置其根據地於今之山西、陝西、河南三省接壤處，在其外圍之四方，封以大小諸侯，以統禦之。其廣袤大約以方千里爲標準，在禹貢王制及周禮等，之記載中，皆係如此，依之周禮天官冢宰：

惟王建國，辨方正位，體國經野，設官分職，以爲民極。

在同書地官大司徒內說：

日至之景，尺有五寸，謂之地中，天地之所合也，四時之所交也，風雨之所會也，陰陽之所和也，然則百物阜安，乃建王國焉，制其畿方千里，而封樹之。

在周代規定天子的（建都之所）王畿，卽此種理想。尤其所謂方千里者，並不一定指的是其實在的面積，時代有變遷，王朝有盛衰，天子有盛德，如武威強大，王畿也隨之而廣，如其威德衰弱，自然也隨之狹小，觀於周末的情形而自明。

王畿之地，乃供給王室的用度。朝官的俸祿，及一般國家費用。（諸侯的納貢僅供給一般國家費用的一部份），依之一定的均分法，授農民以土地，使之耕種之。朝廷官吏的公卿、士、大夫、各依其職，以其在王畿內所受的采邑爲俸祿。一定的常祿，雖爲世襲，但職務俸祿則不然。今依之周禮所載者，對於王畿的組織加以概說。

王畿方千里，以王城爲中心，四方五百里之地域，共分之爲六個地帶。

(一)王城　在王畿之中央方九里。

(二)六鄉　王城四面各百里之地，即外面方二百里內之地域。

(三)六遂　六鄉之外四面又百里，即從外面方四百里之地域內，除去六鄉所餘者。

(四)稍(或削)　六遂之外又百里之地，即外面方六百里之地域。

(五)縣　在稍外四面百里，即外面方八百里之地域。

(六)都　縣外四面百里，外面方千里之地域，即王畿最外部之地域。

如此，每隔百里設一地帶，這與在「禹貢」上將甸服分爲百里納賦總，二百里納銍，三百里納秸服，四百里納粟，五百里納米者異名同實。這又見之於天下九服之縮圖中。大概均是依此標準以區劃之，這不是偏重理想的計劃麼？

將王城設之於王畿之中央，在天官冢宰中有：

惟王建國，辨正方位，體國經野，設官分職，以爲民極。

所謂建國，即建都城之意，不僅爲王畿之中央，亦期爲天下萬民之中極。所謂：天之下所合，四時之所交，風雨之所會，陰陽之所和，即理想中的營造。其營造法，對於匠人「營國方九里」，將正面東西南北方九里之地，如井田而九分之，如圖之中央一區建王宮，其前爲朝，左祀宗廟，右祀社稷，王宮後的北方爲市場，市場、王宮、朝廷之左右各三區爲民廛。四面圍以城廓，各面設三門，各通以大路。

王城內地區圖

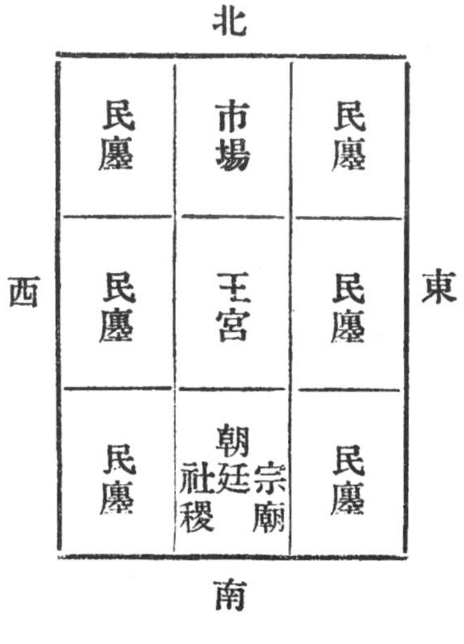


朝在南在前，王南面以聽政。朝有外朝，治朝，內朝；外朝在雉門與庫門之間，所謂致民三詢之地，人民觀法之區，朝官諸侯與人民之代表相會；在國危，遷國及立君之時，用爲廣泛諮詢會議的議場。治朝位於應門之內與路門之外，爲王每日出朝靜聽一切政治之所。路門之內爲內朝，又名燕朝，大臣奏事於王之所。外朝之左右設門，左祠宗祖七廟，右設社稷。

在王宮之北，劃一區爲市，因政治屬陽，故位於南及前。反之，因經濟交換場所的市屬陰，故設之於北。所謂內宰的宮內官，佐后立市，此又屬陰之象徵。

在內宰下規定：凡建國佐后立市，設其次，置其敘，正其肆，陳其貨賄，出其度量，淳制祭之以陰禮。市有大市、朝市、夕市三種，於較嚴格的取締法之下以行之。

六鄉在王城外四面百里，卽外面二百里之地域，此外更百里，以外面方四百里的地域爲六遂。六鄉乃將天子的六軍寓之於農之意。六遂乃將其副六軍寓之於農的地域之意。

在地官大司徒中，有「比閭之法」，規定六鄉的地方組織，以五家爲比，五比爲閭，四閭爲族，五族爲黨，五黨爲州，五州爲鄰，鄰爲一萬二千五百家，卽一鄉；六鄉七萬五千家，各家給以土地，使之從事於農，每家出兵一名，名此爲「卒伍之法」，這規定之於「小司徒中」。以五人爲伍，五伍爲兩，四兩爲卒，五卒成旅，五旅成師，五師成軍，一軍爲一萬二千五百人，出於一鄉，六鄉六軍爲七萬五千人，以此爲天子的常備軍。

六遂的組織，在遂人職的管轄下，依之「鄰里法」，以五家爲鄰，以下里、酇、鄙、縣、遂、雖各異其名，但其編成的家數，與六鄉的「比閭法」無異。六遂有七萬五千家，每家出兵一名，軍隊的編成，亦依之「大司馬」的「卒伍法」，完全與六鄉無異。六遂六軍有七萬五千人。由官家供給以此等六鄉六遂的軍隊以車馬甲兵。

稍、爲離王城四面二百里至三百里之地域，在此地域內，給以丈夫的采地，卽所謂家邑之田。

縣、爲稍四面以外百里之地域，三孤六卿的采地在此。

都、爲縣四面以外百里之地域，王畿之最外輪，三公的采地在此。

在稍、縣、都、地域內的農民，屬於公卿丈夫的采地者，十家出兵一名；不屬於采地者，每八家出兵一名。

總之，在近王城四周之地，置以六鄉六遂，寓兵於農，設以正副六軍，爲便於召集軍隊，在遠地置以丈夫，孤卿，三公之食邑，這均爲的便利施政。

## 第四節　諸侯的邦國

諸侯在王之天下領土中，及直領王畿外的地帶內，由王授與以直接支配一定之地域及人民權，而變爲土地貴族。爵位分爲公、侯、伯、子、男、五等，世襲其身分。元來爵爲用之於古禮的飲酒器，爲什麼以之表示貴族的身分，雖不明瞭，但在古時射禮，或鄉飲酒等儀式的饗宴時，由與族長君主之血緣的遠近，功勳的大小，武技的巧拙等，使用各種爵位以表示其身分的高下，名譽的等級等的習俗，變遷進化而來，這不是特別與射禮有很深的關係麼？在「射義」中，載着古之天子，由射以選諸侯，卿，大夫，士。規定在天子的大射中，射中則爲諸侯，否則無諸侯之望。中者得參與天子之祭，加以慶賞，增加封地而進爵；否則受罰，削地，而退爵，好像由此可以看出其由來。並且諸侯的字句，由射侯的侯字觀之，有很深的興味。然在其他四爵名目中，除了公爵外，伯、子、男、三字，皆對於族制的關係，此亦不失爲有興味的研究。因此又可以看出中國古代的封建，是以族制爲其根幹，再加以各種社會的副產物而成，不失爲我們所主張的一個證明。五爵起源於何代，雖不明瞭，但在舜典內，有五端五玉之語，在「堯典」內有胤子朱，在「舜典」內有伯禹作司空，在禹貢內，有五百里侯服，二百里男之語，也或許較古於封建制度。諸侯封地的廣袤，在孟子與王制中，均爲公侯方百里，伯七十里，子男五十里三等級，在上代，也恐怕大概以此爲標準，但因時勢的變遷，自不免於盛衰伸縮。由賞以增封，由罰以削封，或乘其王威不振之際，攻伐或兼併其近鄰，或被蠶食，所以在一方面，有方數百里的大諸侯，在他方面，有不過六十里二十里的小領主。僅在大體上，將這些分類爲大國，次國，小國，其平均的廣袤，以上記的數字爲標準，不難窺其大概。中國里六百里，並不爲大，在以馬及車爲交通運輸的主要機關，以農耕生活爲基本，然而又守着自足安分主義，而營經濟生活的時代，此種廣袤程度，在政治與經濟的組織單位上，也可以說是適當的。然如增加人口，文化也要多少進步，因商工業的發達，次第都會化了諸侯的城邑，將附近的農村附之於在鄉關係之上。又錯雜了與鄰近諸侯的利害關係，又因內外政務的繁雜增加如文武官吏的不勞階級，所以就不能不養以常備軍，乃行以寓兵於農之法；又不能不由官家供給武器，因此膨脹了諸侯的財政；支持這種膨脹的財政，又必求之於國家人民，於是進行開發領內；同時，無疑的行以攻略兼併，諸侯封域的標準，與時代的進展，同時自然要擴大之。

在周禮中記載着，公方五百里，侯四百里，伯三百里，子二百里，男百里之五等，在史記中，也可以看見「將伯禽、康叔封爲魯、衞之地，各四百里，」周代的諸侯，其規模已很大。

諸侯世襲此種封領，由王授以此種領土權，並非僅給與領主個人，乃授與其家。與受封同時設下社稷，由王之大社內，移來其方色之土，以象徵受封，與宗廟同稱的，有永久祀祭之義務。又在實力上，在其可以維持祭祀社稷時，不失爲諸侯的資格。僅在領主，不德無力，怠於王的義務，或違反王命時，依「九伐之法」而削其地，甚至受剝奪等的制裁。

諸侯的封土，依之周禮，建都邑於其中，設以社稷宗廟，在都邑周圍之遠郊近郊，置以鄉遂（公侯爲三鄉三遂，伯爲二鄉二遂，子男爲一鄉一遂）寓兵於農，如王畿的縮圖，諸侯對於政府官吏的卿，大夫，士，授之以祿而與以采邑，但其身分並非世襲。故農田皆直接班授與農民。

## 第五節　王與諸侯的關係

諸侯爲其封域的君主，有直接支配其領內的土地人民權，與天子對於其畿內的土地人民略同。僅在支配時，基於王朝規定的禮制，與命令，對於王朝負其治績之責。其政治的根本方針，依之所謂王道，而基於天的信仰，擁戴天子爲天帝的代表者，接受王民王土的一定區劃，當治國之職，維持與天下諸侯的和平，翼贊天子平天下之大業。王道的理想爲天，君、民、一體，保持自然秩序與自然調和，以遂其永生。然這在王畿內爲：

（天）……王（君）——民

有其直接的關係，王權的基礎在天。在諸侯之封國內爲：

王……國君（諸侯）——人民

諸侯的權力基礎，不直接基於天而出於王。中國古代的封建，乃所謂王道的封建，王對於天帝，負平天下之責，將天下的土地人民之一定區域，委任於諸侯，附託其直接支配，規定諸侯之對於王，一如王之對於天。在這一點上，封諸侯，如任命官吏，而世襲之，並且其委任的內容較爲綜合，有一定職司權限，依之一定的俸祿，不能隨時任免其官職，有世襲之效，由此決定其政治上經濟上的身分。因而在這種委任關係上，最重要的是其地域。所有諸侯之一切權限，都限於此種封域內。此時代的公法思想，一般的爲屬地主義，特別諸侯的公法上之關係，律以屬地主義，並不是屬人主義。不用說，諸侯有支配其領民權，這並不單限於支配其一定的人民，又支配着一定的土地，即居住於其封域內的人民。諸侯的所有權，雖爲綜合的，但其主要者爲行政權。關於這一點，可比之於王在王畿內所有的行政權，在其立法權上，遵守由王政府所製定的國法，又以此爲標準，在其根本法的範圍內，僅不過發出必要的命令而已，如從領內的人民觀之，國君雖爲命令者，然從諸侯對於王的立場觀之，僅在奉行王命者之上發出命令而已。王也是天帝的奉行者，傳遞天命，以施行之。這雖無違於王道精神，然天僅爲無形之物，並非實際上作出法律發出命令，王爲現世事實之王，又爲事實上的立法者。諸侯之所以遵王者，並非理想的對於王之天下的關係，乃出發於現實，在其立法關係上，並不像王對於天的關係，諸侯對於王，實際上是從屬的關係。

至其司法權之如何，如在諸侯封內發生人民裁判時，其權屬於諸侯，諸侯之互相涉訟，及在諸侯國內所發生君臣訴訟，其權屬於王。夏、殷之制，雖不知其詳，但由周禮大司寇觀之如下：

(一)馮弱犯寡，則眚之

對於侮弱，犯寡，驕強，攪亂列邦和平的諸侯，加以所謂「眚」的制裁。眚如瘦，瘦乃細之意，即削其四面之地而弱小其國勢之意。

(二)賊賢害民，則伐之

國君自用，賊虐諫諍之賢人及輔弼之良臣；課民以重稅，不顧民之疾苦而收斂者，由天子討伐以懲之。

(三)暴內陵外，則壇之

所謂暴內，即賊賢害民；所謂陵外，即侮弱犯寡；犯其一者，或眚之或伐之，尙未致奪其位。如兼犯此二者，因其罪大，故奪其位。壇與墠，其義略同，此處即奪其諸侯之位而立以次賢者。

(四)野荒民散，則削之

田野荒蕪，不顧民政，因之民不歸付而散去，惡政之所致，無國君的資格而削其封地。

(五)負固不服，則侵之

恃其領地的險固而不服者，臨兵其境以懲其驕。(註)此不服乃不事大國之意，侵乃用兵之意。

(六)賊殺其親，則正之

如人君的諸侯賊殺其親，犯最重亂世道之罪，故正之。正卽執而治罪之意。

(七)放弒其君，則殘之

如諸侯之臣，放逐弒殺其君時，則殘殺之。

(八)犯令陵政，則杜之

違反王命，輕視政法者，則封鎖之，以斷其與四鄰之交通。卽圍困之意。

(九)外內亂，鳥獸行，則滅之

亂內外，如鳥獸而背人倫者，最無挽救之道，則滅其國。

關於這一方面，又在孟子內，載有「入其疆土地荒蕪，遺老失賢，掊克在位，則在讓」(嘖意)；「一不朝，則貶其爵，再不朝，則削其地，三不朝，則六師移之，」(告子下)；

「入其境，土地辟，養老尊賢，俊傑在位，則有慶，慶（增加之意）以地」（告子上）所謂「九伐之法」，其字句雖未必盡合，但其意義則不無相通之處。在周禮「大寇司」之職內，建邦之三典，佐王而刑邦國以詰四方，（一）用輕典以刑新國（二）用中典以刑平國（三）用重典以刑亂國，所以我想這種原則；也可以適用於前記「九伐之法」的情形上。卽辟新地而立新君之國，其民尙未習於法令，故用輕典以問責之；承平守成之國，則依之中典常行之法；簒弒叛逆之國，則用以嚴重之法，對於其制裁，取毫無假借的態度。

諸侯對於王的物質義務爲納貢。在「禹貢」以前，尙無貢，禹貢以後，才成爲王與諸侯間主要的財政關係。在禹貢內有賦、貢、篚、三種。賦爲穀賦，由王畿之民上納與王室，卽帶稍及租稅性質的地租。畿外的諸侯，依田地的等級，由民納以賦，將其收入的一部，換其領內的土產，而獻與王。這依其品類的不同，或稱貢，或稱篚，其性質相同。篚元來爲匡之一種，盛貢物的器物名，輾轉而成貢物之名。依之周禮的規定，諸侯之貢，有職貢朝貢二種，所謂職貢，卽在大司馬中的「施貢分職，以任邦國」及職方氏中的「制其職，各以其所能，制其貢，各以其所有，」此乃諸侯從其政職上的貢獻。如再考究到在中國古代，其租稅的發達與起源時，稱供祭祖之粢盛爲租；稱祭神之祭司巫祝所進的禾穀爲稅；稱軍事之徵發賦課爲賦；稱商工人的營利，及徵收通關貨物的手續費爲徵；因爲將社交的贈答看做貢獻或贄，所以貢獻乃諸侯進於王的贈物，田租，軍賦或徵等，不論其沿革與性質均不同，如從財政學的意義觀之，可以說其租稅的性質最少。因爲是贈物，所以依之贈者的自由意志，以決定其品目數量，又在未贈呈時，受贈者自然與此無關， 用之於各大族同志間的和平交際之答贈，還與成立元后與羣后，王與諸侯的關係，同是諸侯對於王的定期進貢，遂變成依之王定公法的強迫支付。此中，職貢的意義最強，從諸侯的事實上觀之，乃當然應盡的義務。朝貢雖無強迫的意義，然有相當的規定，與其說這是法律上規定的習慣贈物，勿寧說含有禮儀上所規定的性質。總之，王對其王畿，有如內容極充實的君主地位，所以對於其範圍內的田租軍賦及徵，從其財政的大權上，得加以無所忌憚的強制徵收，早在財政學的租稅意義上以進行之，對於諸侯，從歷史等的關係上不能不少加以考慮。因在諸侯中，有同姓，有功臣，又在彼等異姓的諸侯內，有出身於高貴先王之後者，有雖非先王之後而爲貴族名門者。周室雖受一朝天命而爲天下之王，但元來亦不過一諸侯而已，在一方面，以諸侯爲臣；在他方面又不能不待之以賓客，所以對於諸侯，一如王畿內的人民，避免純粹強迫的租稅課賦，規定徵收以所謂職貢的常例貢物。諸侯將其領內人民所納租稅之一部，換成一定之國產品而獻與王，關於職貢的規定在大宰職下，可以舉出九種「以九貢致邦國之用」：

一曰　祀貢、用之於祭祀的犧牲茅包之屬。

二曰　嬪貢、出於婦工者，絲枲之屬，一說嬪爲賓，即上面所說的用之於賓客之事的皮帛之屬。

三曰　器貢，宗廟的彝器，一說爲銀、鐵、石、磬、丹漆。
四曰　幣貢，爲繡綉，一說爲玉馬皮帛。
五曰　材貢，爲木材，一說爲櫄幹，栝柏篠簜。
六曰　貨貢，爲金玉龜貝。
七曰　服貢，爲絺紵，又爲祭服。
八曰　斿貢，燕游之物，卽珠璣琅玕之類，一說爲羽毛。
九曰　物貢，雜物魚鹽，橘柚之類，卽「鄭司農」所說的：九州之外，各以其所貴爲贄，肅慎氏貢楛矢之屬。

各諸侯雖均納以上九種貢物，但亦有不如此者，此處不過單舉其九貢的種類而已。諸侯依其國產之如何，從此九種中，選其適宜者以進之。文言上雖未規定，然依之屬貢之例，後者是近於實際的，卽由條理上推測之，此亦爲當然。其進納的時期，在小行人中：

令諸侯春入貢，秋獻工，王親受之，各以其國之籍禮之。

如此，則以秋成而獻之於秋，否則，收得一年的民稅，總其歲計，以其所得買入土產品，或加工製造後，而上貢之，故爲便利計，恰在春季，上致之於王朝。其國籍，依其國之大小與爵位的尊卑，貢物的多少，各有不同，各依之帳簿所定者收納之。

朝貢，乃在諸侯朝覲時，所進獻的贈物。故與前者比較之，其租稅的性質更少，乃因襲的慣例，在大行人內，列舉出九州以內的六服之種類。這已在第二節關於九畿的附屬義務內，言及之，此處暫略。

所謂朝覲，卽諸侯依慣例，進都朝見之禮。如無定期，則臨時由王命召集而會同之。總之，此乃王以賓禮親邦國之意。這雖不過社會的禮儀，但其裏面，不用說含有政治目的，三代皆如此。如依之周禮，在春官大宗伯內：

春見曰朝，夏見曰宗，秋見曰覲，冬見曰遇，時見曰會，殷見曰同，時聘曰問，殷頫曰視。

又在「大行人」內：

春朝諸侯，而圖天下之事，秋覲以比邦國之功，夏宗以陳天下之謨，冬遇以協諸侯之慮，時會以發四方之禁，殷同以施天下之禁，時聘以結諸侯之好，殷頫以除邦國之慝。

這與大宗伯之文相照，表示出朝覲會同的目的。所謂春朝以圖天下之事，卽在年初諸侯上朝，議論治國施政計劃的可否，以確立其一年的計劃；所謂秋覲，以比邦國之功，卽對於其年的治績，民功的高下，加以比較評論；所謂夏宗，以陳天下之謨，卽陳述諸侯謀略的是非；所謂冬遇以協諸侯之慮，卽協合諸侯思慮之異同。時會，乃天子臨時召集諸侯，與定期朝覲不同，諸侯有不從者，天子可以討伐之。所謂殷同，在天子應巡守之年，因事不克實行，故准六服之諸侯全體朝見。所謂施天下之政，對大司馬之職，以邦國之九法，佐王以平國，卽所謂

「制畿封國以正邦國，設儀辨位，以等邦國，進賢興功，以作（起）邦國，建牧立監，以維邦國，制軍詰禁，以糾邦國，施貢分職，以任邦國，簡稽鄉民，以用邦國，均守平則，以安邦國，比小事大，以和邦國。」時聘之間，殷頫之視，乃臣之禮，諸侯不自往而遣其臣，以聘王，皆非定期。前者在天子有事時，遣諸侯大夫以學禮。後者如依之鄭註，在六服中某一服的諸侯朝覲之年，其餘五服的諸侯各遣其卿以聘。所謂除邦國之慝，即在朝聘有間隔時，自不免於疏遠，剷除其間所發生的隱謀慝惡。其朝覲回數，如依之大行人條，由服之遠近而有間隔長短。侯服每歲一回，甸服每二歲一回，男服每三歲一回，采服每四歲一回，衞服每五歲一回，要服每六歲一回，要服之外，例以一世一見。

由此觀之，朝覲，在其形式上爲賓禮，乃修好和親及疏通王與諸侯，諸侯與同志間的意志；然從他方觀之，以此表示王威，普及王法，肅振王權，使諸侯如地方官一樣的工作，可以說這是較巧妙的政治政策。

王，不僅令諸侯朝覲，併親巡天下，而監督其治績，在「大行人」內有：

十有二歲，王巡狩殷國。

即此之意，又在職方氏內有：

王將巡狩，則戒于四方，曰修平乃守，攻乃職事，無敢不敬戒，國有大刑。

由此觀之，王親閱諸邦的政治而行以賞罰黜陟。如依之「職方氏」的鄭註，關於殷國：「殷猶如衆，如十二歲王不巡守，則六服盡朝，此謂殷國，」殷國與殷見不同，不論在大行人或職方氏中，殷國與巡守，連續言之，明顯的完全與殷見不同，但難知其詳。

王除了十二歲一回巡守之外，更行統治監督上各種事情，由大行人之巡守的前文觀之：

王之所以撫邦國諸侯者，歲徧存，三歲徧頫，五歲徧省，七歲屬象胥，諭言語，協辭令，九歲屬瞽史，諭書名，聽聲音，十有一歲達瑞節，同度量，成牢禮，同數器，修法則。

這都是撫諸侯統一天下的辦法。存頫省，也是派遣王使於諸侯的禮儀。所謂間問者，乃隔一年訪問諸侯。象胥為譯官，屬為聚，在地方遠隔，言語不通之地，諸侯召集其通譯官以便翻譯之。屬瞽吏，諭名，聽聲音，卽聚集樂師與史官，以便了解文字與音樂。自達瑞節，同度量以下，都同是不使之為僭越之事，使天下遵王法行王令，以企圖實現平天下的理想。此外，王對於諸侯，厚以政治的社會的種種交際禮儀，以保其威信，而施恩，以期徹底其德治。卽在大行人中說：

間問以諭諸侯之志，歸脤以交諸侯之福，賀慶以贊諸侯之喜，致禬以補諸侯之烖。

又在小行人中：

若國札喪，則令賻補之，若國凶荒，則令賙委之，若國師役，則令槁禬之，若有福事則令慶賀之，若國有禍烖，則令哀吊之。

又在「大宗伯」內：

以凶禮哀邦國之憂，以喪禮哀死亡，以荒禮哀凶札，以吊禮哀禍裁，以禬禮哀圍敗，以恤禮哀寇亂，以脤膰之禮，親兄弟之國，以賀慶之禮，親異姓之國。

這乃以王道的天子爲一家，以萬姓爲兒孫的意見。但在他方面，王又派遣如宣撫使監察使之類，於其四方諸侯的邦國，以宣王之德意，而監察諸侯之教得失。在掌交中說：

掌以節與幣，巡邦國之諸侯及其萬民之所聚者，道王之德意志慮，使咸知王之好惡，辟行之，使知諸侯之好。達萬民之說，掌邦國之通事，而結其交好，以諭九稅之利，九禮之親，九牧之維，九禁之難，九戒之威。

又在小行人中說：

其萬民之利害爲一書，其禮俗政事教治刑禁之逆順爲一書，其悖逆暴亂作慝猶犯令者爲一書，其札喪凶荒厄貧爲一書，其康樂和親安平爲一書，凡此物者，每國辨異之，以反命于王，以周知天下之故。

這乃小行人的職守，作成此種監察報告而覆命於王。由此觀之，周王與諸侯的關係，相當的不少，也感到王之父權的勢力，特別強大。所謂聖德偉大不出世之周公所組織經營的王道封建特色，亦卽在此。

## 第六節　土地權

在王道的封建制度下，所謂土地權歸於何人所有，這如從王道的國家學理論觀之，則出於所謂普天之下莫非王土的一原則。天下既悉爲王土，這就是指的王有其天下的領土權，並沒有如我們所說的土地所有權的內容。尤其如問到在當時，存有如今日意義的土地所有權麼？在一切的事情均在其分化發達仍極幼稚的時代，不能立卽給以肯定的答覆，王對於其直領畿內的土地權，及諸侯對於其封領權，其內容最近於土地所有權，所以王與諸侯、在政治上，一爲天下之王，一爲其領內的君主；亦可以看出在經濟上是其土地的大所有主。此中王對於王畿的土地權，最濃厚而有力，有對於其土地的絕對權。諸侯的所有，與此比之，較爲薄弱，不能與王的天下領土權相對抗，乃除去王之所有權的剩餘部份，實際上也可以呼之爲所有權。因此，王對於其直領地畿內的土地權，與在畿外諸侯的領地上，其所有天下的土地權之差，不久就開始生出土地所有權與領有權的分化。與此相類似的現象，可以看出在王畿內，賜公卿以下以采地與非采地之間的區別。將采地與封領相比，將王之公卿大夫等稱爲關內（或畿內）諸侯，這與畿外諸侯比較之，在采地非世襲之點上，與諸侯的封領不同。

人民不論在王畿內或諸侯領內，依之土地均分主義的一定授田法或標準，班授一定面積的田里，卽宅地與耕地，以供其私的使用與收益，或稱之爲私田，這乃對於公田而言，僅限於收益使用，而不承認其有處分權。限定每家有一定的面積，對於其使用收益，一定要納以年貢。接受此種田地者，雖有其農家的權利，然不許授與他人，或接受之而怠耕，不能不負耕種其所受田地的義務。因之，耕種結果的收穫物，雖爲耕作者的農家所有，但要從這裏面上納年貢。這雖未具備純粹的租稅性質，但可以說是佃租。我們於此，感覺到有去概觀王、諸侯與人民三者，對於土地所有的上述關係，其經過的如何，以及由此而來的發達分化的必要。

（一）在一定的氏族團體或酋長的團體，先占無主的土地，或從武力等占領時，此土地即成爲其團體的領地，此土地有其團體公有地的性質，並非專屬於其族長或其酋長，同時也不許於其團體員的各自私有，族長或酋長，在其團體的主長地位上，自然掌握其領有權，將其使用收益權分之與其團體員。因此允許其有一定土地之使用收益的團體員，將其土地收獲的一部份，納與其族長。這在崇拜祖先的氏族團體，在供奉其共同祖先之供饌粢盛的意義上，或在酋長團體的情形上，這種貢獻，好像酬謝其酋長的統率保護之意，在中國的太古，前者的情形較爲主要，因之如前面所說的這種情形，就構成了後來租稅的起源。如此，開始分化對於部落的公有地權，其領有權歸於族長，或酋長，在其他權上，宅地早已進化成私有，耕地變成了佃地，除此以外的土地，才是有共有性質的土地。

（二）有力部落的興起，征服或賓服其四鄰的諸部落，在其主長變成元后或王時，這些被征服諸部落的主長，他們從前所有的土地領有權，爲王所剝奪，就是賓服的諸主長，也將其舊領域的領有權，一度提供與王，再由王授以一定的封土，由此種形式，在王之天下的支配下，變成了諸侯。此種變動，雖起於領有者之上，但對於人民原有的土地權，好像並無多大影響。

（三）王在其支配下的天下領土中，規定最重要的一定地域爲王畿，以之爲直領地。對此地域的王權，在土地所有權上，是最充實的。王在其畿內，與朝廷的官僚以采地，一如給與畿外諸侯的封地，並不是世襲，對於其土地的王權，較重於對於諸侯的封領。

（四）在畿外之地，將王之同姓，功臣勇將或其他貴族，新建起封建邦國，也授以土地權，如前面所說的近乎所有權，也在王的領土權之下，這由王之土地處分權而生。

（五）人民不論在畿內或諸侯的邦國中，皆班授以一定的土地，於其地經營農業，納年貢與其地主的天子或諸侯。其制度，雖亙夏殷周三代而不無變遷及差異，然其授田的精神，始終是基於均分主義。

## 第七節　人民受田

### 第一目　分田主義

普天之下，皆爲王土，君臨其上的王，名其中樞要區方千里之地爲畿內，而爲其直領，如前面所說的，將異姓的羣后、同姓的伯叔子弟，及功臣勇將，封以畿外之地而建其國，如此形成的所謂封建制度，乃以王及諸侯爲地主之土地大所有制度。在這些地主中，以最大地主同時又是領有天下的王爲盟主，也可以說是地主的結合者。這些地主之權，在其發生的原因上，如前所說的，雖不一定盡同，但因他們爲王爲諸侯，固着於世襲的貴族身分，而有獨占的特權，一般人民，僅不過將其一定面積的土地，依之某種標準，接受平等分配，由其自己的計劃耕種之，對於地主的王或諸侯，負有進納一定年貢的資格與義務而已，並不能獲得地主權。這種制度，基於什麼原因發生的呢？推想其原因之一，恐怕是發端於將往古土地置之於民族總有或公有形式的時代之共同經濟之上。至其變遷的經過，遺憾的是依之今日遺留於我們之前的史料，極難明瞭之。此外已明白表示於禹貢與洪範等中的，已形成王道政治思想之一大要素。如公正平均主義，具體表現於土地分配之上，就是其一例，並且地主的王及諸侯，爲擁護其政治上經濟上地位的鞏固，這又是出於政策的必然結果。

公正平均的精神，所以形成王道政治理想之重要的要素者，我們已在王道天下之研究中論及之，此處不再重複。這種精神，爲農業經濟的最重要要素，如具體表現於土地分配上，自然成爲均田主義。由此使一切人民得享受平等的幸福，可以得到所謂天子爲民之父母的結果。然而在維持這種精神上，不能不努力去阻止土地兼倂，及排除由貧富懸殊所生的不平等的經濟生活。不承認人民有私有一切土地權，規定授受土地的標準資格，在達到其資格上，新受田之一方，收回其已喪失的土地，這乃由於適其調節的方法。不僅如此，如前所說的，封建制度，是以土地的大所有，爲一定貴族的特權，這以所謂王及諸侯的獨占做一大根據，他們在政治上的權力，其表面雖無所謂，但其內容，大半是以此特權做基礎。如允許普通人民有自由處分土地的買賣讓與時，立卽在普通人民間，發生基於兼併的大地主，生出在經濟上與諸侯的競爭者，而威脅其地位的安全，恐怕要因此動搖了封建制度的基礎。

### 第二目　周代以前

如讀孟子，在其答滕文公國之問中，他說：夏后氏五十而貢，殷人七十而助，周人百畝而徹云云。在夏后氏時代，對於每家農民，已有授以五十畝田的制度，這與殷代周代，每家應得的畝數與稅法，雖有多少不同，然均田主義，與夏殷周一貫的大體相同。如這種記述可靠，則最低限度，均田主義，從夏代起是存在的。從來的學者，差不多都以爲孟子的此種記述是不錯的，然而因其記述極其簡單，難知其詳；所以在其解釋上，也少有不同。近來好像漸漸的對於所謂五十而貢、七十而助的制度，眞的存於夏殷時代麼的根本問題，發生懷疑。

除孟子外，在尙書詩經論語等書中，有關於禹對於土地的記載。在尙書「禹貢」中，有關於禹對於土地的極大規模的記載（關禹貢之史的價値，希望參看拙著王道天下之硏究第四編與此有關的章節）雖錄有五服之制與田賦等級等，然毫未言及如何將田地分與人民。在益稷內，「予（禹）決九川、距四海、濬畎澮距川、暨稷播云云，」好像禹除治洪水外，又在耕地間深掘畎澮（溝洫），使吐其水於川，這與在論語之「泰伯篇」內，禹「卑宮室、而盡力乎溝洫」

相合。因此，如其溝洫畎澮一如周代，則也可以說這種制度，在禹時已成立了。——至孟子的所謂五十而貢的有無，另是一個問題——又在詩經中，屢次表示出關於禹與田地。在小雅信南山中，有「信彼南山，維禹甸之，畇畇原隰，曾孫田之，我疆我理，南東其畝。」這乃昔時禹治水土而立下土地制度的痕跡。成王又闢原隰而成疆理，如以成王之德比禹而謳歌之，又可解釋爲禹時土地制度的遺跡或傳說，可以與成王所行者相比。其他在魯頌閟宮內：「有稷有黍，有稻有秬，奄有下土，纘禹之績云云。」這的確也是關於田制以禹爲證者。又在大雅韓奕內「奕奕梁山、維禹甸之。」在同殷武內：「天命多辟、設都于禹之績。」自韓奕以下，乃關於封建或地勢等的說明，雖非直接關於田制，或稼穡，但在廣義，不能不說是與土地制度有關。如此，孟子的所謂五十而貢，是否眞爲夏之實制，假令是疑問，但與禹治水的事業相關，恐怕也要發生某種農民授田的制度罷？淸之王鳴盛在其所著的尙書後案內，說：「愚謂井田溝洫之制，創於禹，三代相因不變云云。」顧炎武在日知錄內也斷定：「古來田賦之制，實始於禹，水土既平，咸則三壤、後之王者，不可過因其成績而已。」所謂三代相因而不變及後世之王者不可過因其成績等斷語，或不無太過，但田賦溝洫制的淵源創始於禹的見解，恐怕一定是無可疑的。僅其以後的制度，卽傳聞關於行之於夏殷的貢助二法，不知其詳，就是在孟子內，也極簡單，極難明瞭其眞相。在孟子內所說的夏之貢法，各農家授田五十畝，平均其數年間的收穫，算出其田地的標準收穫，以其十分之一爲賦稅而徵收之的方法，卽殷之助法。如分割一定之地成井字形爲九區，各區之大小爲七十畝，以其中央爲公田，將周圍之八區分與八家，藉八家之力共耕中央的公田，以其收穫爲租稅而上納之，卽所謂井田法。如再詳細考之，以之與周代制度等比較之，又發生不少疑問，並且非常的欠澈底。第一個疑問，就是夏之五十畝，殷之七十畝與周之百畝相較，時代愈前者，其面積愈小。如依之數字所表示者，農業技術，在三代其程度幾乎相同，所以如從同一面積之土地， 而有其大致相同的收穫時，較之周代一家的所得，殷代爲七成，夏代僅不過一半而已。如若不僅接受這些土地，結局各依其得，應該可以維持其一家的生活。設若周代百畝的收穫，在大體上足以維持其一家生活時，那麼七成殷代人民的生活是極窮的，夏代人民的半數，無論如何，不能維持其生活。況以農業技術而論，以前較之後來，較爲幼稚，卽令耕種同一面積的土地，如上溯至夏殷二代，其收穫應該是減少的，又加其授田七十畝五十畝之少，較之周代，其所得非常之少， 無論如何，不能夠維持一家的生活。再從人口與土地的比例上觀之，戶口之數，因時代之推移而增殖，一家應得的土地面積，應該成反比例的減少，但相反的，五十、七十、百、時代愈遲而愈擴張，不能不令人生奇異之感。總之，這些地方，都是非常不澈底的。因之，關此各點，在古來學者間各有不同的解釋。又一說以爲夏之五十畝，殷之七十畝，實際與周之百畝，其面積相同。僅其測量單位的尺度不同而已，想由此加以多少的調和。例如淸之顧炎武，及日本的伊藤仁齋。另一說以爲畝，指的是一定長的畦畝，所謂五十畝，七十畝，百畝乃其畦畝之數。其畝的長度雖同，但因其幅的廣狹，在同一面積上，所作的條數不同。因這種畝的幅廣，殷較廣於夏，周較廣於殷，所以其畝數並不少，面積也沒有什麽不同。此說表示於小川琢治博士的阡陌與井田的論文（中國歷史地理續編第三編）中，此雖爲破天荒的主張，但我們傾向此說。（關於此項、希參照後面第十章）並且「校數歲之中，以爲常」的貢法，乃殷以前夏之稅法。藉周圍八家之力以耕中央之公田，所謂上納其收穫的助法，爲殷之稅法，不無疑問。即八家共同耕種中央的公田，用作納稅的殷之助法，爲原始的，平均其數年間的收穫，算出其標準所得，而課以十一之稅，比之前者，已算是比較人爲的稅法。然而其人爲的助法，竟較早於原始的助法，是非常不解的。因之此說，僅是在一般論上的一談而已。然如這種貢法是起於「禹貢」，比較也並非原始的，或許不甚成爲問題，我們對於這一點，無須重視。總之，所謂夏五十而貢，殷七十而助，實際是缺明瞭，而有疑問的。夏殷之制，雖載於孟子，然如此不確實，但鑑於其他古典，的確在禹時設下，畎澮溝洫，在殷周時代，與禹有關的某種土地制度之遺跡，並且又傳統的傳述之，我想這不應在經濟史上討論之。以下就對於比較確實，並且存之於豐富史料中之周代農地分配制度，加以研究。

### 第三目　周之分田制度

在周代，對於家或夫，以授上田百畝爲標準，如在田地瘠薄時，授以百五十畝，二百畝或三百畝。關於周之制度，詳載於周禮中，不單在孟子中有比較詳細的記述，也散見之於其他古籍中。在孟子答滕文公之問內，前面已說過了，所謂周人百畝而徹。又在答北宮錡之問，而述及周室爵祿之制中，有「耕者所穫一夫百畝」。在勸梁惠王以王道條內：「百畝之田，勿奪其時，數口之家，可以無飢矣」。又在荀子大略篇等內，「家五畝宅、百畝田、務其業、而勿奪其時，所以富之也」（大略篇）。周之制度，可以看出對於受田主體單位的家或夫，授以百畝之田。雖同爲百畝之田，昔時開墾，由積年改良而變成的良田，與名爲田的不毛之地，剛開墾的新田，不能同日而語。面積雖同爲百畝，然其耕種所要的勞力與所施的肥料是不同的，在其收穫上亦有差別，所以這些田地的經濟價值，都一定不同。經濟價值、雖有很大的差異，如僅在數量上，均分之，各家每夫授以百畝，決不是公平的方法。對此如無救濟方法，在受田的人民，其在經濟上的幸與不幸極相懸殊，自然也不能貫徹王道政治理想的公正平均主義。因而救濟這種不公平，大概有兩種方法：

（一）轉換耕地方法，即換耕法。

（二）依田地的優劣，對於接受劣田者，給以較多面積的土地。

所謂第一的換耕法，每年轉換各家的耕地，在長期間耕種沃土的，也要耕種瘠地，這乃除去不公平的方法。第二方法好像以上田百畝做標準，在其經濟價值，僅抵上田一半的劣田，給以百畝，如僅上田三分之一的，則給與三百畝以補償之，以期由此而獲得平衡。在以上二法中，周代乃依之第二法。這在後世的學者（趙岐孟子註、何休公羊傳註，許愼說文，「𨓚」字的解釋等）好像有主張在周代所行的是換耕法，但這乃由在周禮中田地不易，一易、再易等種類不得眞相的誤解而生，俟在後面說明之。在文學博士加藤繁氏的中國古代田制之研究內，特別在其第四章「周代有定期換耕土地的制度」，加以詳細的論究。他斷定「許趙何孟諸氏的主張所謂周代有定期換耕土地制度，可說是純粹的臆說。」我也贊成加藤氏的主張。然而如何施行第二法，在周禮之地官大司徒職內：

凡造都鄙，制其地域，而封溝之，以其室數制之，不易之地家百畮，一易之地，家二百畮再易之地家三百畮。

同樣在地官的遂人職內

辨其野之土，上地中地下地，以頒田里。上地夫一廛田百畮萊五十畮，餘夫亦如之，中地夫一廛田百畮萊百畮，餘夫亦如之，下地夫一廛田百畮萊二百畮，餘夫亦如之。

記載着都鄙之制與野之制的二種制度。原來所謂地官，乃周代中央政府中六大官省的第二官省。大司徒爲其省之長官，由卿以任之。遂人爲地下官之一局，以中大夫二人任之。中大夫爲次於卿之大官，所以遂人也是高級官廳。好像大司徒兼掌內政與教育，管理着畿內天子的直領地與畿外諸侯的邦國之地制民政。前面所說的，在離畿內王城二百里至五百里地帶的都鄙之地，那兒就授與王之子弟及公卿大夫的采地，在此區域內，規定了授田法，遂人也是對於離王城一百里至二百里地帶六遂之地的規定。在某種情形上，總稱離王城百里以外之甸，稍，縣都爲野。現在此處，並非野之意，僅不過指六遂之地而已。同在王畿內，大司徒掌管的都鄙與掌管的野的授田法，如此不同，令人生奇異之感，只有將周禮的文意解之如下：

爲避免紛雜計，先依之大司徒下的前記文，將其授田制加以說明。

「凡造都鄙，制其地域，而封溝之，以其室數以制之。」

在離王城周圍二百里以外五百里以內的地帶，劃爲王之子弟，公卿大夫的采地，定其境界而通以溝洫，調查家室數，由此以授田。此等采地，雖授之於天子直領地的畿內，但大抵以諸侯的邦國爲準，而行以上各種政策。所謂天子直稅關係遂人的管地，與此制不同，好像與諸侯領內施以同樣制度。關於大司徒職下之地制民政的根本法的規定，雖多半是與邦國都鄙同是概括的規定，但其意是明瞭的。不僅如此，又在此文之前，對於諸侯的邦國「凡建邦國、以土圭、土其地、而制其域、諸公之地，封疆方五百里、其食者半……」規定了以下伯侯子男封疆之事，因爲這並未規定如何分授與農民。如單就其文意解之，並不能了解在諸侯邦國內的授田形式。因爲這用的是五文的筆法，兩文互補，不重述一事。諸侯的邦國，也以都鄙之規定爲準則，如下文之授田，可以說還是一個有力的解釋。其次何謂不易之地，一易之地，再易之地？所謂不易之地，卽年年繼續耕種而不盡其地力的上田；一易之地，其土質較劣，耕種一年，休息一年，以恢復地力；再易之地，耕種一年，非休息二年不克恢復地力，乃最劣之地。以不易之地爲標準地，每家授與百畝而耕作之以爲常，如瘠薄之地，或匆匆開墾，土壤尚未改良，如不隔一年或二年，則地力卽行不足，則每家授以二百畝或三百畝，以平均各家所得的經濟價值，而除去其不公平，以澈底王道政治之中正平均主義。「家」卽俱備夫婦而獨立的一家之意，卽指的小家族，並非指的數夫婦數十口的大家族。在周禮地官小司徒內：「乃均土地，以稽人民而周知其數，上地家七人可任者家三人，中地家六人可任者二家五人，下地家五人可任者家二人」，可以由此看出一家七人，六人，五人的家族是普通最大的家族。在孟子中也說：百畝之田，勿奪其時，數口之家，可以無飢矣。再依之荀子所說的家五畝宅百畝田等，不難明瞭百畝之田，爲五六人家族之一家，卽小家族的應得畝數。

其次爲在遂人職下前面所說的規定，在天子直領的畿內，名離王城百里以內之地爲郊，卽六鄉之所在，其總括的政務，由小司徒及鄉師以掌管之，其周圍百里卽離王城周圍百里與二百里之間的地帶爲六遂之地，因爲遂人是遂師主管之地，不用說，這種規定，實行之於六遂之地。就是在遂人職的規定下，也不僅六遂之地，更及於甸，稍，縣，都的地帶，卽郊外的全部。對於六遂以外的都鄙之地，既如前面所說規定於大司徒職之下，可以將這種規定看做是僅實行於六遂之地。

如從其表面觀之，將土地分爲上、中、下三等，因此而異其頒田的方法。田，不用說是田地，里爲居處，卽宅地之意。因而其方式，上地乃對於所謂「夫」而言，而授之以一廛（宅地一區）與田百畮萊五十畮。所謂宅地的廛，在鄭司農的註中，廛爲居處。孟子說：「五畝之宅樹之以桑麻」，可以由此略窺大概。宅卽家所在，宅地卽可以建築家屋的地基。我想里與廛大概都是指的建築家屋的地基。依之鄭玄註，所謂萊，謂不耕者，在地官縣師註也說，萊休不耕者，郊內謂之易，郊外謂之萊，易與萊的意義，就是在其文字上，也不同，但此處指的是同一事物。如將此規定與大司徒的規定相對照，所謂一易二百畮，再易三百畮，與中地田百畮萊百畮，下地田百畮，萊二百畮完全相同，卽田百畝萊百畮，爲耕種二百畮一易之地的一半百畝，這與百畮休耕者相同。田百畮萊二百畮，也與這相同。再易之地三百畮，也僅是耕種其中的百畮而已，剩下的二百畮休耕。所以說中地爲一易之地，下地爲再易之地。然作此種上地，除了田百畮之外，尙付以萊五十畮，這與僅百畮不易之田者，稍異其趣，田萊共百五十畝，卽每年耕種其三分之二的百畮，這在淸之沈彤的周官祿田考中「三分百五十畮、而歲種其二、休其一、更三歲而遍，蓋每分連二歲不易，至三歲乃易，」我想這種解釋或許是不錯的。由此遂人的土地，並非不易之田，也是易田，僅一易並非劣田。二年連耕，一年休耕，地力不致用盡。

大司徒職下受田的主體爲「家」，但遂人之規定爲「夫」，更稱之爲「餘夫」，其意唯何？夫乃有婦之男，無疑的爲一家的代表。在某種情形上，稱之爲夫家，卽在小司徒職下的所謂稽國中及四郊都鄙之夫家九比之數，以夫婦爲基本，指的是小家族。如此這與大司徒的所謂「家」指的是同一物。爲什麼對於同樣者呼夫，而不稱「家」呢？我想是因爲舉出其次的餘夫的原故，所以用「夫」。由此，結婚而組織獨立家庭，於此規定受田主體之「夫」的資格。假令就是達到一般結婚年齡，而尚未娶妻者，就是結婚而仍不能成為獨立的一家者，不能稱之為「夫」或「正夫」。在禮記與周禮中，有所謂男子三十而娶，女子二十而嫁的規定，好像可以解為三十歲結婚的男子為「夫」。古來的學者也有以為年齡三十歲，就是重要受田資格之一。又在古書中，以男子二十，女子十五為結婚年齡（墨子節用上），並且農業勞動，如男子到了二十歲，有充分工作能力，何必空等到三十歲。由不空費勞動力的意義觀之，所以古今都有主張二十歲受田的學者。結婚年齡的規定，其性質並不如就學與兵役年齡等，並非都示以標準，像這種人生大事，而又是極端的個人私事，並不能強迫之勵行一定的規定，就是從王道觀之，這種情形，也是不致有的。在二十歲以上三十歲左右時，可以結婚而成立一家，我想此時稱之為「夫」是妥當的。其次何謂「餘夫」？因為「餘夫」是對於「夫」即「正夫」而言，所以一如正夫，不過其資格少不充分而已，其眞意不明，「餘夫」又載之於孟子，即受田二十五畝，如：

請野九一而助，國中什一使自賦，卿以下必有圭田、圭田五十畝、餘有二十五畝云云。

在遂人中，如前面所引的，餘夫亦如之。從其文意觀之，不能將餘夫也解做如正夫一樣的授以田里，所謂二十五畮之意，完全不表現於其字面上。在孟子內的餘史與在遂人內所說的，其受田的畝數，非常的不同，如僅就遂人記載的文字解釋之，有許多不可解的地方，這在古來學者有種種議論，鄭司農說：餘夫亦受此田也，承認與正夫接受同樣的土地；趙岐在孟子註內說：「餘夫」者，家一人受田，其餘老小，尚有餘力者，受田二十五畝，（中略）周禮說：「餘夫」亦如之，亦如上中下之制也；孟子的餘夫與周禮的餘夫，其意相同，因之其所受者，遂人之餘夫也是上田二十五畮，即正夫的四分之一，所謂亦如之這句話，指的是依之上中下三等級，其所受的畝數雖有不同，但同一效率；宋陳祥道的周禮訂義也與此說相同，然這僅不過是以孟子的二十五畮做基礎以推測之而已，這有曲解遂人文意之嫌，可以說不澈底。我想只有先決定餘夫的意義，然地再以條理去解釋之，然而如何解釋餘夫呢？我有二種解釋。

（一）丁年以上尚未娶妻的男子，寄居於父兄之家者，視之爲餘夫。

（二）丁年以上且有妻室的男子，尚未成立獨立一家者，視之爲餘夫。

「夫」字原來是在人行冠禮時，由插簪的象形而來。在太平御覽中，引說文以解釋夫字，（今依此本之語），冠而既簪，人二十而冠，成人也，未婚者，不得稱爲夫。僅在男子行冠禮後，才開始有結婚的資格，如後來稱之爲夫，即解釋之爲有妻室的男子，原來雖不必如此，所以正夫爲有妻室而成立獨立家庭的男子，餘夫爲丁年以上，加冠而稱夫的男子。尚未結婚而寄居於父兄之家者稱餘夫。所以表示與正夫不同，因其有充分的勞動力，單身而無妻室，如將此與有五六人之家族的正夫同樣看待，由不易百畮的標準以授與田地，這對於正夫，未免太不平均，並且不論其如何身強體壯，但農業經驗尚淺的單身男子，理應不能耕種一百畝地，又因其寄居於正夫之家，所以如孟子所說的，授以二十五畮是合理的。如第二種情形，既結婚而有妻子者，僅寄居於正夫父兄之家而尚未成立獨立家庭者，這與前者情形不同，並且早晚要脫離寄寓於父兄的關係，而獨立成家，另建其宅舍而開始獨立成爲正夫，其所受的田萊，應及早預備之，我想這種授田，是合理的。如此解釋，則孟子的餘夫與遂人的餘夫，其文字雖同，但其意義各異，對此授田之比率也各有不同，雖可以照着字面的解釋，兩者的意義相通，然這兩種制度共存於周代，自然難以承認在同一時代存着這兩種不同的制度，如在不同時代，不難並立存在。因爲一定要將周朝之規定，大司徒之規定及遂人之規定，看做是周朝創業時代的遺物。分授與人民之田，普通得不到熟田上地，所謂不能與以一易二易或萊之新墾不良地，並不能視之爲王道政治，繼續積累數十百年之中期或晚期。就周禮而論，有人提出許多對於其古來製作時代的疑問，我將其本質看做是周公制禮時的遺物，大概爲周初的禮制（也承認有經後人添加者）。因此種議論已載於拙著中國古代經濟思想及制度及王道天下之研究中，此處暫略。關於這種田制的記載，也證明其爲製周禮時周朝初期的遺物。與此比較之，在孟子中所說的，完全沒有所謂易田與萊，並非開拓時代的粗放農業，大部份的土地，爲積年耕種改良的熟田上地，一般不需行以休耕輪作的必要，所謂休耕輪作乃指後來而言。並且從地主的土地利用上觀之，大凡土地多者，人民生活就豐，同時也可以增加其自己的歲入，卽年貢之量。以前授田僅限於結婚而立家者，及早晚獨立而可以立家有妻者，現在擴大其範圍，更及於卽使未婚而達於成年者，所謂授餘夫以二十五畮，恐怕是由遂人記載制度之發達結果而來。如此解釋，不論是遂人的記載或孟子之所述，雙方都有可以承認的理由。但所謂餘夫二十五畮，除孟子及韓詩外傳（卷四）之外，不見之於漢代以前的書籍中，我想這恐怕是惹起當時學者史家之特別注意的原因。

### 第四目　鄉遂經界與都鄙邦國經界

在周禮的田制內，其經界大概有兩種方式，而各異其趣。一爲遂人之規定，一爲小司徒，大司馬，匠人等共同的規定，先看遂人之規定：

凡治野，夫間有遂，遂上有徑，十夫有溝，溝上有畛，百夫有洫，洫上有涂，千夫有澮，澮上有道，萬夫有川，川上有路，以達於畿。

所謂夫，指的是以一夫受田百畮爲標準，所以稱一區百畮之田爲夫。如百畮爲夫（司馬法）或九夫爲井（匠人）等，在其他著作中，也有與此相同的例子。爲要說明之，可以先解釋遂、溝、洫、澮、及川皆爲田間通水路之名，其闊深也漸次遂之而大。徑、畛、涂、道及路，乃在其通水路之堤上的人馬交通路。所謂夫間遂者，乃百畮爲一區之田間所謂遂的小通水路，合併十區之夫爲細長地區，在這種細長地區與地區之間掘溝，更劃由縱橫各十夫所成正方形百夫之地爲一區，在其各區間設洫，更將合併十區百夫之地爲長方形千夫之地劃爲一區，在其各區之間設澮，又在由合併十區千夫之地爲萬夫正方形之地區與地區之間設川。但依之小司徒，匠人及司馬法，大異其趣，明顯的通水路也較少，在小司徒中：

乃經土地而井牧其田野、九夫爲井、四井爲邑、四邑爲丘、四丘爲甸、四甸爲縣、四縣爲都、

九夫之地，卽將九區百晦之田劃爲井字形，而爲一井、四井爲一邑、以上皆以四倍遞加之而名爲甸、縣、都。又在考工記匠人中：

九夫爲井，井間廣四尺深四尺，謂之溝。方十里爲成，成間廣八尺深八尺，謂之洫。方百里爲同，同間廣二尋深二仞，謂之澮。專達於川、各載其名。

凡天下之地勢，兩山之間必有川焉，大川之上必有涂焉。

以九夫爲一井，與小司徒之規定相合，依之司馬法（根據鄭玄周禮小司徒註）：

晦百爲夫，夫三爲屋，屋三爲井，井十爲通，……通十爲成，成百井，……十成爲終，……十終爲同，同方百里，萬井云云。

這不僅以九夫一井爲基礎，也與小司徒之下文，考夫屋之語相合。由此各點觀之，小司徒匠及司馬法之文，皆相符合，所以無疑的也是行的此種制度。因爲與上述的遂人規定不同，所以古來對此有種種議論。我們以爲遂人的規定，乃施之於鄉遂及其他公邑之法，小司徒匠人之法，乃行之於采邑的制度，這最適合其眞相。因小司徒在地官大司徒之下，一般的乃掌管創邦（畿內）之敎法的一局，在其所掌管的事務中，有關於國中的（王之都城內），有關於四郊

的，六鄉六遂所有的地帶），有關於都邑的（郊外之地的公卿大夫之采地地帶），各項都與大司徒職內的「凡造都鄙制其地域而封溝之，云云」相應。將都鄙解釋爲卽關於公卿大夫之采地的規定，與鄭玄之說相同，我想對此，可以解釋爲「遂人」的規定乃在畿內，除去上述之都鄙的天子直轄直稅之地。由遂人之下的規定觀之，先有掌邦之野，不用說邦爲畿內之意，野爲對郊而言，如用之以蔽甸、稍、縣都時，則在一般規定的情形上，也要及於其地帶內的都鄙，卽公卿大夫的采地，如上所述，關於都鄙的經界，在小司徒中有特別的規定，所以可將遂，溝，洫，澮，川之規定解釋爲關於在野、都、鄙以外天子直稅之地（公邑）。常稱六鄉之地爲郊，不屬於所謂野的範圍，從周禮字面觀之，凡關於經界的規定，是否適用，雖不得而知，但都、鄙、采邑法不應適用之於有天子直轄地的性質上，並不限於其他之特別規定，但可以推想到六遂之法是適用的。鄭玄卽因此將遂、溝，洫，澮，川之法，解釋之也行於六鄉，我們也贊成此說。

其次在諸侯的邦國內，由何法以劃其田地的經境？在周禮的字面上，雖未言明，所謂公卿大夫之采地與諸侯的邦國，有畿內畿外的不同，但有其性質的共通點，在各種規定中，表示與邦國都鄙相聯，有以同一規定爲標準之例。由此恐怕經界之事，也施之於都鄙，我想這乃出於小司徒及匠人之法。

然而遂人溝洫之法，對於在畿內六鄉六遂其他的公邑，小司徒及匠人之制，對於畿內的采地與畿外諸侯的邦國，在實制上果眞施行於那一種情形上，無疑的上面乃土地制度的基礎。如以前許多的註解者所想像的，將天下解釋爲整齊劃一的棋盤眼，未免過早。因地有上中下之別，因有一易再易或萊之分。一夫所受之田，有百畮有五十畝，有二百畮三百畮，有正夫，有餘夫，乃因人口的動態而適當的授與之，因而需要複雜煩多的手續。一定要知道在其實施上，有意外的困難，如僅以沃土的上田熟地，地勢平均，人口也適度的地方做標準，而規定一個理想的範圍，也許是適當的。此處特別可以將九夫一井或夫三屋的夫，看做是標準田百畮的別名，不能將夫看做家，也不能看做是夫受田之大小，這由前述以明瞭之。將一井九百畮分爲九區，以中央爲公田，分周圍之八區爲八家，合八家之力共耕公田，對於所謂貢其收穫的井田助法，也行之於周代的孟子之說，不能不發生很大的懷疑。

### 第五目　特殊田

除一般的授農以田之外，在周禮中，有充作特殊目的之用的數種田地，在地官載師中：

以廛里任國中之地，以場圃任園地，以宅地士田賈田任近郊之地，以官田牛田賞收田，任郊遠之地云云。

廛里爲市內房屋的地基，已如前述。場圃種植王室的果蓏珍異之物，用供祭祀賓客等之用，由所謂場人的役人以當之，位於國中與近郊之間，及王城的周圍。又在天官大宰中有：「以九職任萬民，一曰三農生九穀，二曰園圃毓草木。」在地官閭師中有：「凡任民任農以耕事貢九穀，任圃以樹事貢草木」等的規定。無疑的在民間也有作園圃的，至接受多大面積，這在周禮中並無表示。僅在詩經中解釋之爲魏風十畝之間，宋之張子與朱子等之周代人民接受園圃說，是值得參考的。差不多在城外供給以園地，其附近之人民，便於接受園圃而種植瓜果蔬菜等，以供給城內官吏商工的需要。場人所管之園圃，因其爲王室之用地而無稅，但民間之園圃須納二十分之一的稅。

對於宅田，有以爲宅者，有以爲田者，先鄭以爲是民宅的豫備地，後鄭則說：「致任者之家所受田也，士相見禮曰，宅者在邦則曰市井臣，在野則曰草茅之臣。」而以爲是田地。我們由在戴師字面上將士田賈田等並舉觀之，也以爲不是宅而是田。

先鄭說：士田乃士大夫的子弟所接受的耕地，後鄭視之爲圭田，懷疑的是如爲圭田，爲何不用其名？如此則先鄭之說較爲妥當。然由在賈疏中的禮記：「十之子不免農，大夫之子免農矣，不得爲大夫之子得而耕之田」等觀之，不應包含着至大夫之子，乃授與士的子弟之田，士田之名卽由此而生。

賈田，乃城市商人家所受之田。孫詒讓以爲工人也與賈人同樣受田，所以無工田之名者，在周禮正義（卷二十四）中說：「工賈職事相等，要經舉賈以販工，文不具也，」這乃値得注意的理由。先鄭並不將賈看做是一般的商人，解釋之爲僅授之與屬於天官庖人者賈八人，屬於天官大府者賈十六人等的官屬賈人，因此種所授與者應爲官田，我想此說難以成立。

官田，乃庶人有官地位者所受之田。雖有將官田看做是王家的直耕田（先鄭）者，但天子直稅之田，名爲公邑，分授與畿內一般的農民而使之耕作之，除場圃藉田等之外，很難看做是官家直營的耕地。所以此種官田乃授與見之於周禮諸職內府吏胥徒賈人工人等，從事於官的庶人之家者，較爲妥當。

牛田與牧田，這也與場圃同樣的有官用及民用二種。官用者由牛人，牧人，牧師等掌管之，專以牧養供祭祀之用的家畜。牛人掌養國之公牛，牧人掌牧六畜，牧人飼養六畜即牛馬羊鷄犬豕；民用者，在以大宰之九職任萬民，有藪牧養蕃鳥畜，閭師任牧以畜事貢鳥獸。但民用者，皆在遠郊之地，或依之地勢之如何而設以適當的地域，是否以遠郊之地爲準，不得而知。僅在遠郊之地，不僅有官用者，也有民用者，但無疑的，課以遠郊二十而三的稅率規定。

賞田，乃爲賞賜用之田，特別可以看做是賜給有功應賞的官吏之田。

此九種田，位於畿內的近郊遠郊，至在諸侯的邦國內，其情形如何，不得而知，此等田授與的多少，雖在孟子中，有卿以下圭田五十畝，士田是否爲圭田之類，不得而知，在周禮中，看不見有圭田。在漢書食貨志中，有士工商家受田，五口當農夫一人，五口爲家族五人之意，或解爲五家，接受普通農夫的五分之一（林泰輔博士著周公及其時代），但我們很難贊成此說。賞田依其勳功的高下而自有大小的不同，宅田牧田牛田場圃廛里，因各異其性質，所以不能一律而論，在周禮中沒有明文規定，即在其他古典中，也很難證明之，我想如以夫家不易之田百晦做基準而推考之，不難窺其大概。

藉田，乃有極特殊意義之田，此卽象徵着天子親事農政而設之藉田，在王城之南郊設藉田千畝，於孟春之日，天子率公卿百官而幸臨之，親執耜而耕田，使公卿以下者仿效之，行以莊嚴的儀式。以後，在農官監督下，使庶人（甸師下之徒三百人）耕種之，以其所收穫的五穀，供祭祀上帝的粢盛。在禮記月令中：

是月也，天子乃以元日，祈穀於上帝，乃擇元辰，天子親載耒耜，措之於參保介之御間，帥三公九卿諸侯大夫，躬耕帝藉，天子三推，卿諸侯九推。

在呂氏春秋（孟春記）中也有與此相同之文，在周禮天官甸師中：

掌帥其屬，而耕耨王藉，以時入之，以共齊盛。

其目的在作出用之於祭上帝的粢盛之宗教意義及穀爲民之司命。因農爲國本，所以民之父母的天子最重之。其儀式雖兼顧着以上王道精神的兩方面，其起源不是由這種情形——也可以說是宗教的，在過着古代崇拜祖先的血族團體之部落生活時代，特別對於祭祀祖先的粢盛，年年加以特別注意。規定一定田區，血族全體或其代表者，率其宗主以耕作之，——發達變遷而來的嗎？藉田之藉，或解之爲普遍典藉之藉，又有的說是天子躬耕其土，從蹈藉意義的藉田，鄭玄反對之說：藉之言借也，王一耕之，而使庶人芸芓終之（甸師註）。韋昭說：藉借也，借民力以爲之（國語用語註）；此種所謂借民力，乃淵源於借血族代表者之力共同耕作祭祀祖先的粢盛。由血族部落，以致成爲后，成爲侯，成爲天子，以致將其祖先配祭天帝，我想這不是成立這種藉田的儀式麼？自然這僅不過是一個假說而已，如若在成立王道天下上，僅爲祭上帝而創始此種儀式時，不應該僅限於王朝的諸侯，在禮記祭義中：

昔者天子爲藉千畝，冕而朱紘，躬秉耒；諸侯爲藉百畝，冕而青紘，躬秉耒，以事天地山川社稷先古（先古先祖），以爲醴酪齊盛，於是手取之，敬之至也。

又在祭統中：

是故天子親耕於南郊，以共齊盛，王后蠶於北郊，以共純服，諸侯耕於東郊，亦以共齊盛，夫人蠶於北郊，以共冕服，天子諸侯非莫耕也，王后夫人非莫蠶也，自致其誠信，誠信之謂盡，盡之謂敬，敬盡然後可以事神明，此祭之道也。

在此記載着諸侯也有百畝之藉，略行以同樣的儀式，並且不問其儀式的如何，由推想其原始的時代觀之，可尋求其起源於成立封建制度以前的時代中。

## 第八節　宅地

宅地比之田地，原有其私有性，每個家族，各選其一定場所，建築其家屋而居住之，其性質大概並非一時的。其家對於其建築宅舍的地基，容易成立很濃厚的佔有權。如某家族單獨先占無主之地而建築住宅時，在其上幾乎可以成立完全的私有權，在與部落員共同佔領土地時，雖仍長期的維持耕地及牧地爲公有或總有，但宅地則不同，可以看出自然的早已成立了個別的占有權。長期的占有，因時效的結果，很容易轉化爲實質的私有，所以就是在中國古代的封建制度上，大地主的王及諸侯，是否也將人民的宅地與田地同樣的分配之授與人民？這種權利是否有其確實的基礎？乃是疑問。因此，在三代的封建制度下，宅地與田地由同樣的均分主義以分授之，成立此種制度的經過，並不一定與田地相同。總之依之周禮及孟子等觀之，可以看出是將某種一定廣袤的土地，分授與以夫婦爲基礎而經營獨立生計的每個小家族。

先由周禮觀之，大概有二種宅地，一爲國中，即都城內商工民的住宅，一爲郊野農民的住宅。

在載師中：

以廛里任國中之地。

凡任地，國宅無征，園廛二十而一。

在廛人中：

掌斂布絘布，……廛布而入於泉府。

上面所謂廛，指的是城內庶民的宅地，——所謂國宅，乃官署官舍的地基，所以不是本節內所討論的主題——屬於第一種類者爲商工民住宅地基。關於第二種宅地，

在遂人內：

「上地夫一廛田百畮，萊五十畝，餘夫亦如之。」此處之廛，可視之爲郊野農民的宅地。鄭司農註之，廛謂居也。鄭玄註之，廛城邑之居，孟子所云五畝之宅樹之以桑麻者也。孟子的五畝之宅，無疑的指的是郊野農民之宅，所謂城邑之居，容易誤解之爲都市中之宅，發生文與意的矛盾，可以註解之，但不得謂爲正確。鄭司農對於載師之廛里說：廛市中空地，未有肆，城中宅地未有宅者，鄭玄註之曰：廛里者，若今云邑居里矣，廛者民居之區域也，司農之註稍得其當，玄之註與遂人之註無多大差別，並不確切。國中乃都城內之意，如依之匠人，王之都城，廣袤方九里，亦如井田分之爲九區，王居中央，南前爲朝庭，北後爲市場，以左三區右三區爲民廛，士農工商四民居住於此，這乃當時的都市計劃。農民因其職業性質，以在城外爲宜，所以居住城中的大多爲士工商。此處所謂廛，就是這些商工庶人的住宅地，也包含着店鋪工場及倉庫等。在鄭司農之註中，所謂市中的空地，雖在分授之前爲空地，但受此空地的庶民，或建以住家，或設以店鋪及其他，總之都是這些地基。廛人掌廛布，所謂廛布，指的是在城中後面北面的市場，貯藏商民貨賄諸物的邸舍稅。明顯的，雖稱之爲廛，但並不一定僅指住宅。如此，要注意到所謂郊野農民的宅地與此大異其趣，因之，其分授的多少，是否與授與農民者相同，在其數量方面，並沒有什麽可靠的記述。

在孟子中的「五畝之宅」之語，見之於梁惠王及盡心章句等中，非常明顯，即：

五畝之宅，樹之以麻，五十者可衣帛矣（梁惠王上）。

五畝之宅，樹牆下以桑，匹婦蠶之，則老者足以衣帛矣（盡心上）。

就是在荀子中，也可以看出五畝宅百畝田云云（大略篇）。在周禮中，僅有夫一廛之語，並未表示分地多少，所以能否將孟子的五畝，就看做一廛，很難斷言。前面已說過了，鄭玄解釋之爲同一物。關於「五畝之宅」，漢之趙岐在其註解孟子時說：

廬井邑居，各二畝半，以爲宅，冬入保城二畝半，故爲五畝也。

由此發生了五畝之宅，卽合村邑二畝半，田中廬舍二畝半而爲五畝之說。所謂廬舍，乃位於井田助法中央公田之中，分八十畝與其周圍的八家而耕之，剩下二十畝每家分二畝半。此外，在夏季農忙期間，爲便利耕作計，設以臨時住所，在韓詩外傳中，有古者八家爲井田，……餘二十畝，共爲廬舍，各得二畝半云云（卷四）。這乃是基於漢書食貨志的：井方一里，是爲九夫，八家共之，各受私田百畝，公田十畝，是爲八百八十畝，餘二十畝，以爲廬舍。古來對此議論，雖有贊否各種不同的議論，但看不見其有力的證據。又有學者以爲在詩的小雅信南山中有：

中田有廬，疆場有瓜，是剝是菹。

以爲這種中田，指的是井田中的中央公田，於此建廬舍，而種瓜於其疆畔。因爲根據着田中各有二畝半廬舍的原故，所以中田不一定指的是公田，僅不過指的是田地的中間而已。卽使建屋於其地，亦不過爲便利夏季農事計的臨時建築的住所而已，所以很難說有割與各家二畝半地的必要，並不能視之為有力的證據。分與各二畝的田野與村里二處，即呼之為「五畝之宅」，這無論如何，與事之情理不合。如伊藤仁齊在孟子古義中，對於此說，給以「恐非也」的斷語。東涯反對分授說而論之：「宅之五畝，猶田之百畝，受在一所難見在田在邑之別」（孟子古義標註），小宮冒秀又對於五畝之宅在於一所，加以評論，他說：

秀按，廬井邑居各二畝半，其不便如此，古人雖言之，恐怕不致如此……孟子一再說到了五畝之宅，周禮之註，亦提及之，明顯的不是二畝半，而為五畝之宅。如邑中之宅，僅為二畝半時，為何不直言二畝半之宅，在田中不得有木，既以二畝半為廬舍，植桑亦不過在這二畝半宅地之內，為什麼又要說五畝之宅，樹之以桑呢？因廬舍為憩息之所，在公田中，佔地二畝半，已屬不是，……在詩經信彼南山中：「中田有廬之中田，田中也，猶如田間，並非田之中（央），」詩經「疆場有瓜」，這近於廬之疆場，由此可知廬非宅。在詩經中又說「饁彼南畝，」這又指的是其婦妻由邑中之宅往送以饁也，由此可知婦女不在廬中云云。

總之，雖在田間設有廬舍，僅不過是臨時小屋而已，難以承認因此就給以二畝半之地。所以說合給與以田邑兩處二畝半之宅為五畝說是誤謬的。

## 第九節　孟子之關於地稅說

大地主的王及諸侯，對於分授給人民的田宅，課以如何的地稅呢？依孟子夏后氏每人授田五十畝，依貢法以課稅；殷人授田七十畝，依助法以課稅；周人授田百畝，依徹法以課稅；其實皆什一稅，總之課其收穫十分之一爲稅而徵收之。更在其下文中對於貢、助、徹加以說明，因其文言非常簡單，所以後世，由其解釋生出各種議論。先就貢法言之，孟子引龍子之言說：莫不善於貢，貢者校數歲之中以爲常，樂歲粒米狼戾，多取而不爲虐，則寡取之，凶年糞其田而不足，則必取盈焉云云。由此觀之，此處所謂貢，乃平均折衷農作豐歉數年間的收獲額，而算出其平均每年的收獲標準額，對之課以什一稅，卽一成的方法。在豐收時，穀物有餘，卽令多徵之，雖亦無妨，但僅取其十分之一。如在歉年，自己糧食尙感不足，亦必徵其十分之一。由此法的這種特色觀之，所以龍子與孟子均以爲此貢不善而非之，呼之爲惡稅。在後世註解者之中，解釋之爲耕五十畝而貢上其五畝之收獲的貢法。例如後漢趙岐的孟子註，與宋之朱子的孟子集註，如明之赦敬與淸之胡謂以爲禹所創始的貢法，不應該有缺點，因僅以其五十畝中的五畝收獲爲稅的原因。載於孟子中的龍子之言，所謂從貢不善而非之的貢法，這乃發生於衰世諸侯的聚斂，並非大禹聖人所定之法。然而這些議論，均無確實根據。所以除了根據孟子外，只有將龍子之言，就其文字解釋之而已。

其次，再看看殷人所行的助法是什麼稅法？這就是所謂井田之法，取一定面積的正方形，各邊三等分之，縱橫分割之成⊞形，劃成九區，就其內部線觀之，恰如井字，所以古來名之爲井田法。中央一區爲公田，將周圍八區授與八家農民，各耕其所受之田，同時共耕中央的公田，將公田的收獲上納與公家（卽地主的王或諸侯），以代租稅。此亦明載於孟子滕文公章句內。卽孟子答文公之問；惟助爲有公田；又在其下文，對於畢戰說：諸野九一而助；又說：方里而井，井九百畝，其中爲公田，八家皆私百畝，同養公田。最後說到了井九百畝，各私百畝者，這乃由周代亦行助法的見解而來。在殷代自然可以解之爲每區七十畝，一井六百三十畝。所以名爲助法者，只不過是使人民去幫助耕種公田之意而已。在孟子中，註釋助者藉也，趙岐更註之，藉者借也。對於九區六百三十畝的收獲，以中央一區七十畝的收獲爲租稅，所以恰當其九分之一。孟子所以說「九一而助」者，乃在表示其稅率及其課稅方法的特徵。因爲在開始，貢，助，徹，「其實皆什一」，所以助法的稅率也是十分之一，這乃概括其程度而言。由後來九一的方法，才看出助法的眞實。依之這種助法，在豐年時，民田的收獲多，公田的收獲也多，在歉年同樣的減少，不論是地主或佃戶，均之三年成豐歉而增減其收獲，因此有共通的利益。所以前而龍子與孟子非難貢法爲惡稅，也並非無理，因爲助法是最好的法，所以孟子是其熱心的推獎者，特別引用兩我公田之詩，主張在周代也行助法，所以他誘勸諸侯，就是在那時也是可以實行助法。孟子說：「周雖亦助」，是否如其所說，爲要明白徹法的何所指，同時如不參照周禮的記載，我想是不能下判斷的

然而甚麼是周的徹法呢？孟子僅說「徹者徹也」，並未詳細說明徹法的意義。從「其實皆

什一也」觀之，我想是徵收其收獲的一成爲稅率，但由如何方法以徵收之？趙岐註之「耕百畝者，徹取十畝，以爲賦，」如此解之，主要的是「取」的方法。孟子勉強的說徹者徹也，意極輕率，並且其實際主義與貢的情形相同，我想無論如何要想消滅了要特別明瞭區別出貢助徹的原因，是不妥當的。尤其主張在徹字中，有取之意，例如在詩經的豳風鴟鴞中：「迨天之未陰雨，徹彼桑土，綢繆牖戶」等句，是其證明。在這種情形上的徹，與剝同義，在「撤毀」「拆毀」的意義上，所謂「徹收」租稅等的意義，是故自立異，所以是不妥的曲解。鄭玄在論語顏淵篇的註內說：「周法什一而稅，謂之徹。徹通也，爲天下通法。」雖不能說徹無通之意，但因爲是天下的通法，所以成立起所謂徹的解釋。如說貢與助不是天下的通法，僅徹是天下的通法時，恐怕沒有特別名之以徹的理由。不問是夏之貢或殷之助，不單毫無均不是天下的通法之意，並且由孟子之文觀之，一定可以看出貢爲夏之天下的公法，助爲殷之天下的公法。所以，這又難以承認之是得到眞相的解釋。

朱子在孟子集註中，對於徹法解釋之如下：

周時一夫受田百畝，鄉遂用貢法，十夫有溝，都鄙用助法，八家同井，耕則通力合作，收則計畝而分，故謂之徹。

朱子的意見，在基於遂人溝洫之法的六鄉六遂的天子直稅地，行的是貢法，及小司徒的井牧法匠人井田之法；在都鄙內公卿大夫的采地，行以助法。因之在鄉遂內，以十夫之地爲十家，在都鄙內，以一井九夫之地爲八家，通力共耕，在鄉遂內，依貢法納十分之一；在都鄙內，依之助法，從九夫之地中，僅納一夫的收獲額，其餘平等分配之，這是相當複雜的解釋，這又與孟子的請野九一而助，國中什一使自賦，有相同之處。又有將徹解釋爲行以通力共同耕作之意，所以在實地耕作上，徹去每百畝的區劃，以九夫或十夫之地爲一個共同耕作單位，僅在分配其收獲時，以一夫百畝爲計算的基礎，所以好像可以成立起特別以徹字名其稅法之意，因此不失爲有力的解釋而採用之。然而是否行以共同耕作，乃困難的疑問。對於徹字果眞不錯有上面所說的意義麼？行以共同耕作的證據，也可由他方面以證明之麼？在未肯定這兩個問題以前，這種議論是不能承認的。又因爲肯定這兩個問題，到底是不可能的，所以不能說這是正確的主張。此外雖也有將兼用貢助二法看做是徹法的，尚有其他各說，好像都沒有任何的確實證據。

總之，孟子生於戰國，距周代盛時頗遠，所以關於田制的如何，有許多不明白其詳細的所在。在答滕文公之問爲國時，借龍子之言，以論貢法助法的優劣，在其答畢戰問井地時，僅言其大略，引小雅大田之詩，才論到周亦助也。在萬章章句內，答北宮錡問周室爵祿之制時，說：其詳不可得聞也，諸侯惡其害己也，而皆去其籍然而軻也，嘗聞其略也。所以很難認孟子爲精通周之田產爵祿等制者。如服部博士明明說道：「我想以孟子之言大概與此不同者，都是不對的，這並非有權威的斷定」（參看論王道（主要的論井田制）「國家學會雜誌」第三十四卷第二號六八頁〕，齋藤高壽也在鄉遂井田圖說內指之爲：孟子所說者，並非先王的古法，乃一時的論說，而攻擊之。

滕文公使畢戰問井地於孟子，孟子曰，請野九之一而助，國中什一使自賦（中略），曰，遂九之一而稅者，在欲以滕小國之故，制此法以富國也，非以先王制土地之道說之，故曰請也。載師職曰，近郊十一，遠郊二十而三，則先王之制，雖郊野皆什一也。孟子所論非先王之古法，可以見也，故曰此大略也，云云。

如此，則孟子所說的，實際不過其大略而已，因其說不詳，才生出這些疑義紛紛的各種議論。所以如要以孟子爲根據，大概以上所說的，是無希望的。然而夏之貢，殷之助，無其他材料可考，也是沒有辦法的事情。關於周之制，更要對於由周初到其中葉所編纂之可靠的周禮的記載，加以考察。

## 第十節　周禮關於地稅的規定

前面已說過了，在周禮中有六官，稱其天官爲冢宰，好像內閣總理兼財政部長。稱其長官爲大宰，其職爲以九賦，斂財賄。卽指的管理王直領畿內之人民的租稅。九賦卽：

一曰邦中之賦，二曰四郊之賦，三曰邦甸之賦，四曰家削之賦，五曰邦縣之富，六曰邦都之賦，七曰關市之賦，八曰山澤之賦，九曰幣餘之富。

在以上九賦中，七關市之賦及九幣餘之賦乃課之於商工人民者，少異其性質，其餘皆地稅。或謂邦中爲國中，在地官載師內有：「以廛里任國中之地」，課以在此地域內的住宅稅，卽邦中之賦。我想也可以包含着城廓外的民有場圃，四郊乃近郊遠郊之地，六鄉人民的居住地帶，因在載師內有「以宅田士田賈田任近郊，以官田牛田賞田牧田任遠郊之地，」所以一定包含着這些田地。邦甸乃離王城百里至二百里的地帶。在載師內也有「以公邑之田任甸地」，公邑卽王家的直稅田，爲六鄉人民佃作之地。家削爲二百里至三百里之地帶，邦縣爲三百里至四百里之地帶，邦都爲四百里至五百里之地帶，公卿大夫的采地，及王之子弟的食邑均在其中。雖各將其采地稅納與采地主，但也存有非采地之地，也在公邑地上爲王之直稅地，各由其地中以徵其稅。因而其租稅率，依之離王城的遠近，而稅率不同，從二十分之一到二十分之五，這種規定載之於載師中：「園廛二十而一，近郊十一，遠郊二十而三，甸、削、縣、都、皆無過十二，惟漆林之征二十五。」園廛指的是廛里與場圃，乃庶民的宅地，地基，及生產蔬菜果物的民有地。對於這些地的地稅爲二十分之一，卽五分稅，乃最輕者。近郊十分之一，遠郊二十分之三，甸以下者不出十分之二，漆林二十分之五，乃最重者。園廛之稅，所以最輕而僅爲二十分之一者，因其土地並非種穀，所以農產上的收獲較少；漆林之稅所以重者，因其所要的人力，比田地少，而利益又較多，這種解釋也是合理的。然而近郊十分之一，遠郊二十分之三，甸稍縣都十分之二（不能斷定爲十分之二或十分之二以內），這些爲什麼因地帶而有輕重稅率的不同呢？鄭玄對此說明之「國稅輕近而重遠，近者多役也。」因在王道政治的精神爲公正平均，所以不應當無故的規定輕近重遠，之制。因此鄭玄解釋之王城附近之地，徵役的機會多，田稅要輕，王城較遠之地，徵役的機會少，田稅要重，確有道理，但這僅不過是以這種差別，以平均稅穀的搬運費而已。服部文學博士所主張者卽此。（載於同博士之論文論王道，國家學會雜誌第三十四卷第二號及「井田私考」漢學第二編。）他說：

孟子勸滕文公之法爲，請野九一而助，國中什一使自賦（中略），所以規定下國中與野有輕重（稅率）之別者，乃因助與自賦不同之故，據周禮考之，助乃由國家派以收稅吏，就地收稅，國家自己運之於必要之地。然所謂自賦，人民自擔費用，運之於國家指定之地而上納之，自賦如貢法的特色，徵之於後世之事例，將米穀運至遠地而上納之，苦民特甚。所以孟子主張這僅施之於國中，就近納之於國家的倉庫中。在遠離政府所在地的地方，國家自己運輸之，爲充作運送手續費計，對於人民加以較多的徵收，如爲省去手續費等的消耗計，結局可以進到國庫的僅十分之一，不是標準。（國家學會雜誌，第三十四卷第二號八七頁。）

這種主張，乃對於助，自賦等辭義的解釋，並不能動搖了以「其實皆十一也」的課稅根本主義的孟子之說。在疏通載於周禮內的二十分之三，十分之二等上，初見，雖好像是合理的主張，但抱歉的是我們不能承認而佩服之。因爲充作運輸的手續費等計，多徵之至百分之五到百分之十，也未免過大。就是在辭義的解釋上，官家以助助搬運，自賦則由納稅者自己運送之，恐怕不能說是適當的辦法。助為井田助法之助，乃藉力以耕公田之意，我想自賦乃從其自耕百畝的收獲中拿出賦稅之說，的確是穩健的主張。又關於這一點，希望參看拙著中國古代經濟思想及制度五三六至五四三頁，因論述較為詳細之故。

關於這些地稅，以什麽做標準？其支付方法又如何？在周禮的字面上，並沒有明瞭的記載，普通在農本的實物經濟時代，僅在都城內的工商人民間，通用所謂布的貨幣，在郊野的農民間，於其使用尚未普及發達的時代，對於農民所課之地稅，以授與各夫家標準田的不易田百畝之穀類收獲的平均額為標準，依各夫的規定，課以二十分之二至二十分之五。就是對於不種穀類的漆林、場圃，因其處理的方法無準則，所以不明白。就是對於商工民的宅地等，也很難知道是否徵以穀稅。我想原則上是納穀，也或許因時宜關係，徵以所謂布的貨幣。在其他情形上，又有黑布（載師下的宅不毛者有黑布，罰課之一種）或廛布（在廛人下，課商人以宅舍之稅）等名目，無疑的商人由布以納稅。

總之，見之於周禮內的地稅法，乃孟子中所說的，折衷算出其數，歲豐歉的平均收獲額，徵收其百分之幾。在其精神上，無疑的，可以斷定是基於貢法主義。在討論此問題者之中，有的主張對於地官有所謂司稼的官廳，也或許是因在其職掌中有巡野觀稼，以年之上下出斂法，以檢查年年稔穀的產量，才開始規定其每年之田稅的。此種官署有所謂下士八人史四人徒四十人的卑小之官，無論如何不能夠完成每年巡迴在方千里之王畿內的公邑，而檢驗稔穀的產量，以規定田地稅率的事務。並且其主掌，原來好像是巡掌邦野之稼，而辨種稑之種，周知其名與所宜地，以為法而縣於邑閭。故在平年以上的情形時，依之基於貢法主義以算出其定率，僅不過某地方的歉收而已，又在普通年荒時，視察其實況而行以減稅的手續，例如鄭玄的註解。

以上雖是對於在王畿內的天子直稅地的稅制，然而不能不研究在其以外者，即畿內的公卿大夫之采地，及畿外諸侯的邦國內，實行什麼稅制。

我們已在前面第七節第四款內論及「鄉遂的經界與都鄙邦國的經界。」

（一）畿內天子直稅地的公邑，出於「遂人」的溝洫制。

（二）在稱為都鄙之公卿大夫的采地內，依之小司徒及匠人的規定，以行九夫一井的制度。

（三）諸侯的邦國是與都鄙同出於九夫一井的制度。

達到了上述的結論，所以就是在稅制上，也可以推測之是與都鄙同樣在「不得過十分之二」的程度上以課稅，相信其課稅是出於所謂貢法主義。換言之，即使出於九夫一井的制度。那也僅不過限於田地的區劃而已，所以很難承認之為如殷代的井田助法，以中央為公田，由其周圍八家共同耕種之，以其收獲充做八家的租稅。孟子說「雖周亦助也」，好像是主張公田所存的井田助法，亦行之於周，但在周禮中，看不到其存在的證據。因為，孟子與周禮在這一點上不間，所以古來有各種不同的意見，有些自信的人，企圖對此二者加以疏通，但亦不過是推測的要素而已，很難承認之有充分的憑據，此中，如安井小太郎之說（載於東亞研究第三卷第九號的周代井田辨）是比較近於穩健的。他說：

周代稅法的不行助法，如照上面所說，大田之詩，可以說是在周室一統以前或定制以前，如為後人追憶前世而作，則不是說的文王時代之事。在孟子中有昔文王之治，岐也耕者九一之言，孟子引用此詩說，雖周亦助也，乃指的是文王岐周的政治，並非統一後之事。如指的是統一以後之事，則與周人百畝而徹不合。又如助法為周之定制，滕之君臣沒有不知之理。

我想大田之詩，一定如詩序所說的，並非幽王時代之作，與周人百畝而徹之語對照之，則遠在其以前，誠如安井氏的主張。如此，則孟子引用雖周亦助也一語，我想恐怕不致強硬主張在周禮中存在着毫無證據的助法罷？在殷代中，八家共耕一公田，用以充稅而行以井田助法的孟子之主張，雖不能說是確實而安全，但在缺少有力的證據以否定之以前，也不能不承認之。如此，在文王時，當然可以說助法是存在的。到了滅殷後取而代之，成為天下之王的周，在其刷新諸制時，改革了田制，這見之於周禮中，因之在其施行新制時，由六鄉六遂開始，其他的公邑，為周家直屬人民的住所。因為是政令直達的地方，所以容易施行新制，而可實施與殷代舊制的性質及方式完全不同的遂人溝洫之制，但仍遺留着殷之九區一井的土地區劃。因為要將這同時與直領公邑加以同樣的改革是極困難的，所以改革只限於公邑。所謂采地與諸侯的邦國，整個不動的存在着舊制的九區一井，僅廢除了中央的公田，而爲九夫一井。我們以爲撤廢此種公田，恐怕就是徹法二字的起源。因爲撤廢公田，不僅與周室的制度革新主義相合，並且就是對於漸增的人口，撤廢公田，也是必要的。至設置易田或萊，也是隨之人口的增殖，必須開墾耕地的證明。所以有很類似之點，並且如行之於殷代的八家一公田的井田助法，就很難一定要實行正方形授田百畝的制度，所以無論如何，不能夠維持這種制度。因八家一公田的井田助法，其地質相當的肥沃，很少優劣之差，恐怕非在地形平坦人口適度的地方不克實行之。如人口增加而耕地不足時，依之土地經濟的原則，漸及於劣等地質，因地有優劣之不同，所以不能單純的實行均分面積政策。依之田地上中下三等或依之熟地與草萊，如其面積無大小的不同，就不能得到收獲上的平衡。如在周代載之周禮小司徒或遂人之內的，好像授夫家以百畝至三百畝，在實行這種制度上，好像就不能夠維持以九百畝之中央爲公田的井田助法，才斷然撤廢之，因爲撤廢之，才呼之爲徹法，這是我的解釋。因而其主要理由，在政治上與刷新新王朝的制度相合，在經濟上，乃適應隨人口增殖的耕地不足。

如此論之，我對於殷之助法乃七十而助，周爲百畝而徹，因其井地大小的不同，所以整個的遺留着殷之九區一井制；因其不適於周制，故僅撤廢公田，不敢贊成。這是古來的一個困難問題，淸之顧炎武與日本之伊藤仁齊等，以爲夏之五十畝殷之七十畝，周之百畝，其大小原來相同，僅不過異其測量單位的丈尺而已。顧炎武在日知錄（卷七）中說：……使夏必五十，殷必七十，周必百，則是一王之興，必將改畛涂變溝洫，移道路，以就之，為此煩擾而無益於民之事也。豈其然乎？蓋三代取民之略，在乎貢助徹，而不在乎五十七十百畝，其五十七十百畝，特丈尺之不同，而田未嘗易也，云云。伊藤仁齋在孟子古義（卷三）中論及：三代之制，畝數雖異，實皆百畝，蓋夏后氏之五十，殷人劃為七十，周人劃為百畝，步有長短，而地無廣狹云云。最近出現了與此相同而更進一步的研究。即小川琢治博士的中國歷史地理研究續編第三篇所說的「阡陌與井田」。小川博士說：（同上書五三三至五三四頁）

周畝的計算（中略）在前面已說過了，是以司馬法的六尺為步，步百畝為單位，幅一步即六尺，長百步即相當於六百尺狹長面積，這乃由百條相併而成百畝。這個畝字與其古字的畮字，如在畮甽連續的情形上觀之，不難領會之為掘出畦畝之意。如前面所說的，在管子的田制中，將一夫的地積分為二田，將一田分為五制，將一制分為五離，更在前後將一離細分為四聚，二聚等於一畝，這也與以畦畝一條為單位者相同。

如依之此種解釋，畝有百步之長，在夏殷時代，幅員廣闊。即耕作在三代間漸趨集約，可以說在管子時，變成了較密的畝數。我們反對訓古家的主張。在三代時，隨之人口的遞增，進步成集約的耕種，由狩獵本位變而為牧畜本位，再經過純農本位的過程，如以數字表示之，相信可以採取孟子所舉的。如依此說，在夏殷周，稱為畝的畦畝，其一條之長均同，其幅員之廣，殷較夏，周較殷漸次狹窄。這乃是因爲隨時代的進展，人口漸多，變成集約耕作的結果。因其畦畝一條變成了一畝，所以在夏一夫之地爲五十條，在殷爲七十條，在周代爲百條，因之才在孟子中舉出了五十、七十、百畝之數，總之可以解釋爲其面積相同，畦畝窄狹。我想此說雖從所未聞，但爲極妙的解釋。我們想借此說以答論者之問。

總上所說，在周禮的制度上，畿內公邑，乃基於十夫有溝的區劃法，基於貢法的意義，依之豐歉數年的平均，再加以離王城的遠近，算出二十分之一至二十分之五的稅率，平年以上以此爲準則，田地的區劃，雖不改變九夫一井以前遺留下的助法，但課稅主義，徹廢了助法意義的公田共耕，而變成九夫一井，達到了不過在十分之二的稅率上以課賦之的結論。

## 第十一節　農業狀態

農民從王或諸侯那兒接受多少土田宅地？對於其所接受的土地納多少租稅等在前面已略述之。在這些土地上，主要的是耕作穀類，此外又栽培蔬菜瓜果之類與桑麻，同時又飼養鷄豚及其他的家畜，以充其各夫家自足經濟的衣食。孟子說：「五畝之宅，樹之以桑，五十者可以衣帛矣，鷄豚狗彘之畜，無失其時，七十者可以食肉矣，百畝之田，勿奪其時，數口之家，可以無飢矣（梁惠王上），」如由戰國當時觀之，他乃爲的是要實現其農業自足的家族經濟的理想，但在夏殷周三代的盛世，其狀態也大略與此相同。如詩經「國風」豳的七月流火，可以說是敍述的后稷公劉的風化。總之，可由此看出周人在尙未建國於所謂豳之西北僻陬時的農民生活狀況。如與孟子所說的比較之，可以說是代表着幼稚時代。

(註)豳一之十五，七月。

七月流火，九月授衣，一之日觱發，二之日栗烈，無衣無褐，何以卒歲？三之日於耜，四之日舉趾，同我婦子，饁彼南畝，田畯至喜。 七月流火，九月授衣，春日載陽，有鳴倉庚，女執懿筐，遵彼微行，爰求柔桑，春日遲遲，采蘩祁祁，女心傷悲，殆及公子同歸。 七月流火，八月萑葦，蠶月條桑，取彼斧斨，以伐遠揚，猗彼女桑，七月鳴鵙，八月載績，載玄載黃，我朱孔陽，爲公子裳。 四月秀葽，五月鳴蜩，八月其穫，十月隕蘀，一之日于貉，取彼狐狸，爲公子裘，二之日其同，載纘武功，言私其豵，獻豜於公。 五月斯螽動股，六月莎雞振羽，七月在野，八月在宇，九月在戶，十月蟋蟀，入我牀下，穹窒熏鼠，塞向墐戶，嗟我婦子，曰爲改歲，入此室處。

六月食鬱及薁，七月亨葵及菽，八月剝棗，十月穫稻，爲此春酒，以介眉壽，七月食瓜，八月斷壺，九月叔苴，采荼薪樗，食我農夫。 九月築場圃，十月納禾稼，黍稷重穋，禾麻菽麥，嗟我農夫，我稼旣同，上入執宮功，晝爾于茅，宵爾索綯，亟其乘屋，其始播百穀。 二之日鑿冰冲冲，三之日納于凌陰，四之日其蚤，獻羔祭韭，九月肅霜，十月滌場，朋酒斯饗，曰殺羔羊，躋彼公堂，稱彼兕觥，萬壽無疆。

如再依之周禮所表示者以考察當時的農業狀態時，，要先以其農作物的五穀，六穀，及九穀等穀類爲主。九穀即黍，稷，秫，稻，麻，大小豆，大小麥（鄭司農註），五穀，其中可作飯者，所謂黍，稷，稻，粱，麥，屢見之於詩經等中的穀名，好像也不過是這東西。因稻需水田，所以在最便於灌漑之地作之。然而出產其他穀類的陸田，與水的關係也極其重要，特別在容易發生水旱災的大陸國，更感有必要，所以所謂溝洫的設施，好像從禹時就重視之。夏殷二代，在其設施上，已有相當的發達，好像到了周代，才較爲普及的。如從周禮上觀之，前面已說過了，王畿內公邑的設置，所謂遂人溝洫之制，好像是「夫間有遂，十夫有溝，百夫有洫，千夫有澮，萬夫有川」，縱橫均設有通水之路。遂廣二尺深二尺，溝之廣深二倍之，洫又爲溝之二倍，依次而大，遂成川。如以考工記匠人之溝洫制與此比較，是很粗放的。九夫爲井，井間廣四尺深四尺，謂之溝，方十里爲成，成間廣八尺深八尺，謂之洫，方百里爲同，同間廣二尋深二仞，謂之澮；因之好像由澮而成爲自然的大川。因此方法與小司徒的「井牧之法」相同，所以可以認爲施行之於畿內卿大夫的采地，及畿外諸侯的邦國。掌管設施此種溝洫者，原來是中央政府之官吏的遂人或匠人等，由強徵地方的人民以從事其工作，而使之當其直接的勞動。不用說，諸侯的邦國也效法之。並且在中央政府王的朝庭內，有許多指導農業的官吏，有各種方法，此中著名的如「土宜之法」「土化之法。」何謂土宜之法？在大司徒內：

以土宜之法，辨十有二土之名物，云云。

辨十有二壤之物而知其種，以教稼穡樹藝。

由土壤性質，以辨別適於稼穡樹藝的農作物，這採取的是揭示邑閭，以使人民周知的方法。不單教以於適宜的土地種以適宜的農作物，更教以於土質不宜之地，施以人工而變化之的方法。在土方氏內有：

辨土宜土化之法，而授任地者。

又在草人內，詳述其方法。卽：

掌土化之法，以物地，相其宜而爲之種。

凡糞種，騂剛用牛，赤緹用羊，墳壤用麋，渴澤用鹿，占鹹潟用貆，勃壤用狐，埴壚用豕，彊檃用蕡，輕爂用犬。

鄭司農將「凡糞種，騂剛用牛」註解之爲「以牛骨汁漬其種，卽稱爲糞種」。由此方法能否變化土質，江永在周禮疑義舉要（地官）中說：「今人糞田，未見煑汁漬種者，」乃以骨灰撒於田中。此說之是否可靠，須經專門家的研究。總之，可以將騂剛看做是紅而硬之土地上所用的牛，赤緹爲縹色土地上所用的羊，在墳壤上用麋，所以在有水之地涸渴後的渴澤上用鹿，在鹹土干潟之地用貆，勃壤用狐，埴壚用豕，彊檃爲在磽确之礫土上所用的蕡，卽麻子，輕爂爲在輕脆土地上所用的犬（以上皆爲骨灰）。好像由此方法以變化其土質而可以培養其作物。此種方法，果眞實施到什麼程度，不得而知，還須對於其方法加以研究。又有稻人之官，以掌稼下地（水澤之地），以「以瀦畜水，以防止水，以溝蕩水，以遂均水，以列舍水，以瀦寫水，以涉揚其芟以作田」方法，講究在水中種稻之法。

由如何方法以開墾新田？雖不看見有特別規定，但是可以將秋官柞氏與薙氏的職掌，看做相當於開墾的準備工作。依之柞氏的職掌，在夏至節斫陽木，以火之；在冬至，剝陰木之皮，灌水以枯死之。又在春秋時，變水火使之爲適宜於種穀的肥沃之土。薙氏的職掌，爲殺草之法，在春初生草時，斫其萌芽，夏至剷去之，秋季芟除之，冬至以耜劃之，再加水火以燒之，使之腐蝕之意。用此方法以開拓林麓荒蕪之地，以之爲疆爲理，通之以溝洫，以之爲菜，以之爲易田，更改良之爲上田。農具，不用說是以所謂耒耜爲主，此外，在詩經的臣工等內，明顯的可以看出又使用錢（鋤之類）鎛（鍬之類）銍（小鐮）等。耕法，由詩經中的「十千維耦」（周頌噫嘻）及「千耦其耕」等，可以看出是用的所謂耦耕。耦即二人並耕之意，雖不能斷定不論在什麼情形上，是否都用耦耕法，但無疑的這種方法是相當的普及。此時好像尚未實行牛耕馬耕，在周禮及其他著作中，看不見這種證據。

家畜的情形如何呢？在太古時，已經有了，伏犧氏飼養牲畜的傳說，不用說牧畜也早與農業並行，在王與諸侯的經濟內，不論是在祭祀上或日常衣食的資料上，牛羊犬豚是必要的，又在行軍上，不能缺了馬，所以要設下許多牧場以飼養之。在周禮中，不僅有羊人，牛人，牧人，牧師等官制，也有獸醫官，並且明顯的有相當的進步。這不單在王與諸侯的經濟內如此，就是普通在庶民的經濟內，也在農家的副業上飼養家畜。在地官閭師內：

掌國中及四郊之人民六畜云云。

凡庶民，不畜者，祭無牲，不耕者，祭無盛云云。

由此觀之，就是一般的庶民，也當然的有畜有耕，所以能經營其事業者，因爲在祭祀祖先時，可以供給以人及犧牲粢盛之故，如怠惰而不事畜耕時，就沒有犧牲粢盛以供祭祀，此乃制裁其怠惰之意。又在遂人遂師內，有登六畜；在遂大夫內，有稽六畜；在里宰內，有比六畜；由縣師內稽六畜以考之，在庶民各戶的宅地內，可以看出飼養家畜的相當普及。孟子之所以說：「五畝之宅……雞豚狗彘之畜，無失其時，七十者可以食肉矣，」僅不過主張在當時要勉勵振興之，以期復興以前努力畜耕王道盛世之風而已。六畜爲牛，馬，羊，豚，犬，雞，但也不一定各家均飼養此六畜。牛馬用之於乘馬服牛的騎用輓用之役，然因那時的軍隊，以車馬爲主體，所以馬也大部份用之於輓役之上，以牛皮爲軍用革具，而以其肉供軍食。中國人，就是在今日亦如此，在古代，中國人比之日本人，乃明顯的爲嗜肉食的民族。在禮記內「則等」中，有牛，羊，豕，兔，犬，豚，麋，麕，鹿，麢，狼，狗，狸，狐，馬等的烹調法及表示其合食，禁食等，其肉食種類決不在少。

關於養蠶，在天官內宰中，有「中春詔后，師外內命婦，始蠶於北郊，以爲祭服」，因王后親身實行之，由此可以想像到一般的廣行於農家副業中。在前面所說的詩經豳之七月等內，明顯的也可以看出歌頌一般婦人努力蠶桑之事，然在在衣料上，雖貴族官吏都市人士，多用之，但在農民家庭內，孟子所謂五十者可以衣帛矣，並非普通常用之物，也好像是除了一部份上貢外，賣出其餘的以充購買日用品之用。在大宰九職中，有嬪婦化治絲枲，九貢為嬪貢，在閭師內有「任嬪以女事，貢布帛」，由對於司市，質人等規定以布帛廣狹度量之制，可以證明而承認之。

總之，一般農民的經濟以其所受的田宅為基礎，依之每個小家族內的勞力，而進行自給自足的家計經營，由其所得的收獲內，在賦，稅，征或貢的名目上，納稅給經濟上的地主，政治上的君主、王或諸侯，此外再服以少許的勞役。因此王與諸侯的經濟，是基於租稅與貢獻的領主經濟，在某部份上，分化了宮中府中的區別，在其他部份上，仍保存其原有的狀態。因此，一方面，保存着氏族經濟的遺形，他方面，有天下國家的財政。這可見之於周禮六官之役官分職上。

（完）一九三六年初夏譯於華沙。